KB175444

# 위험한
# 요리사
# 메리

TERRIBLE TYPHOID MARY: A True Story of the Deadliest Cook in America
by Susan Campbell Bartoletti

생각하는돌 18

# 위험한 요리사 메리
— 마녀라 불린 요리사 '장티푸스 메리' 이야기

수전 캠벨 바톨레티 지음 | 곽명단 옮김

2018년 1월 19일 초판 1쇄 발행
2023년 1월 16일 초판 6쇄 발행

**펴낸이** 한철희 | **펴낸곳** 돌베개 | **등록** 1979년 8월 25일 제406-2003-000018호
**주소** (10881) 경기도 파주시 회동길 77-20 (문발동)
**전화** (031) 955-5020 | **팩스** (031) 955-5050
**홈페이지** www.dolbegae.co.kr | **전자우편** book@dolbegae.co.kr
**블로그** imdol79.blog.me | **트위터** @dolbegae79 | **페이스북** /dolbegae

**주간** 김수한 | **편집** 권영민
**표지디자인** 형태와내용사이 | **디자인** 이은정·이연경
**마케팅** 심찬식·고운성·조원형 | **제작·관리** 윤국중·이수민 | **인쇄·제본** 상지사 P&B

ISBN 978-89-7199-842-7 (44940)
ISBN 978-89-7199-452-8 (세트)

책값은 뒤표지에 있습니다.

이 도서의 국립중앙도서관 출판예정도서목록(CIP)은 서지정보유통지원시스템 홈페이지(http://seoji.nl.go.kr)와
국가자료공동목록시스템(http://www.nl.go.kr/kolisnet)에서 이용하실 수 있습니다.(CIP제어번호: CIP2017034920)

Terrible Typhoid Mary

생각
하는
돌

18

마녀라 불린 요리사
'장티푸스 메리' 이야기

# 위험한
# 요리사
# 메리

수전 캠벨 바톨레티 지음 ― 곽명단 옮김

돌베개

뱀비에게 —S.C.B.

# 차 례

저런!
죽기 전까지는
인생의 쓴맛깨나 봐야 할 텐데요.

— 조너선 스위프트, 『고상한 대화법』*Polite Conversation*(1738) 중에서

## 독자에게

비위가 약해서 세균에 관한 글이 싫다면, 지금 바로 중단하고 다른 책을 찾아 읽으세요.

식사 전과 용변 후에 손을 비누로 문질러 닦고 최소 30초 동안 뜨거운 물로 씻어 내나요? 손톱 밑까지 깨끗이 닦나요? 세균 확산 방지를 위해 화장지 또는 자신의 팔이나 어깻죽지에 대고 재채기나 기침을 하나요? 문고리에 손대지 않고, 자신의 전용 식기만 쓰나요? 구내식당에서 샌드위치를 먹다가 식탁 위에 그냥 내려놓는 일이 없나요? 5초법* 따위는 터무니없다고 여기나요? 욕실 수건을 1주에 2회 이상 갈거나 빨아 쓰나요? 휴대 전화와 컴퓨터 자판을 하루에 한 번씩 살균제로 닦나요? 가방이나 지갑을 매일매일 깨끗이 닦나요? 그러지 않는다면, 계속 읽어 주세요.

저자 드림

---

* five-second rule, 땅에 떨어진 음식을 5초 안에 집어 먹으면 안전하다는 속설. —역자 주

## 1장

위런 부인이
요리사 문제를
겪다

Terrible Typhoid Mary

찰스 엘리엇 워런 씨의 부인은 1906년 8월에, 롱아일랜드 오이스터베이에서 요리사를 해고했다. 여름이 끝나려면 몇 주가 남은 터여서 요리사가 필요했다. 혼자서 감당하기에는 일이 너무 벅찼다. 먹여야 할 사람이 아들딸 넷에다 가사 노동자도 다섯이었다. 만찬회에 일요일 다과회까지 사교 모임 일정도 빡빡하게 잡혀 있었다.

워런 부인 같은 부유층 여성에게는 눈앞이 캄캄한 상황이었고, 미국에는 가사 노동자가 남아돌았다. 어림잡아 230만 명쯤 되었다. 하지만 워런 부인처럼 까다로운 고용주들은 **좋은** 가사 노동자를 구하기가 쉽지 않았다.

예컨대 워런 부인에게 필요한 요리사는 꼼짝없이 하루 열네 시간씩 일해도 개의치 않는 사람이었다. 아침, 점심, 저녁 하루 세끼를 모두 챙겨 주는 사람이었다. 반드시 긴 민무늬 원피스에 흰색 앞치마를 두르고 모자와 통굽 구두를 착용하는 사람이었다. 허락 없이 함부로 바깥출입을 하지 않는 사람이었다. 편하게

**워런 부인이 요리사 문제를 겪다**

독방을 쓰는 요리사도 있다지만, 정 그러겠다면 다락방이나 지하 저장실에서 지낼 사람이었다.

좋은 가사 노동자는 건방지지 않았다. 자기 분수를 알았다. 고용주보다 똑똑할지라도 절대 내색하지 않았다. 삼가야 할 일을 알았다. 부엌에서 혼자 식사하면서도 평범한 식기나 철제 그릇을 썼다. 고용주 가족이 쓰는 좋은 도자기나 은그릇에 먹을 엄두를 내지 않았다. 브리짓이든 샐리든 페기든 매기든 고용주가 아이 대하듯 이름을 부를지라도, 깍듯이 예의를 갖추어 주인님, 도련 님, 마님, 아가씨 등으로 불렀다. 나이가 아무리 많아도, 가사 노

워런 부인이 고용한 요리사 메리 맬런. 직업소개소에 따르면 메리 맬런의 추천서들은 흠잡을 데가 없었다. <뉴욕 아메리칸> 1909년 6월 30일 자. 뉴욕 공립 도서관 제공.

위험한 요리사 메리

동자는 언제나 여자애였을 뿐 결코 여인이 아니었다.

그런가 하면 무슨 일이 있어도 현관을 사용하지 않았다. 집채 뒤쪽이나 현관 계단 밑 출입구로 드나들었다. 우연히 집 바깥에서 고용주를 만나는 일이 있어도, 눈을 돌리고 모르는 척했다.

미국인은 계층에 상관없이 모두 평등하다지만, 평등해 보일 뿐 막상 고용주와 고용된 사람은 평등하지 않다는 사실도 잘 알았다. 불평불만을 늘어놓지도 않았다. 근무 시간, 업무 내용, 임금을 분명하게 밝혀 둔 노동 계약서를 요구하지도 않았다.

많은 고용주에게 좋은 가사 노동자란 곧 특정한 인종과 민족과 종교인으로 통했다. 백인만 뽑거나, 흑인만 뽑거나, 개신교도만 뽑는 고용주도 더러 있었다. 가톨릭교도나 이민자를 꺼리지 않는 고용주가 있는가 하면, 그런 부류는 아예 거들떠보지 않는 고용주도 있었다.

가사 노동자 채용은 여주인이 맡는 게 당시 뉴욕 사회의 관례였다. 워런 씨네도 마찬가지였다. 워런 부인은 맨해튼 28번가에 있는 '스트리커 부인의 직업소개소'에 전화를 걸어 "요리사 하나 보내세요."라고 말했다.

직업소개소 소장은 평범한 음식을 잘하는 메리 맬런Mary Mallon이라는 요리사를 소개했다. 그러면서 추천서들도, 성격도, 부엌살림 솜씨도 훌륭하다고 칭찬했다.

보나 마나 워런 부인은 흡족해했을 것이다. 메리 맬런이 일했

워런 부인이 요리사 문제를 겪다

던 집들 가운데 뉴욕시에서 내로라하는 사회 지도층 가문도 있었기 때문이다. 이를테면 인명록에도 〈뉴욕 타임스〉의 사회면에도 자기네와 엇비슷하게 등장하는 집안들이었다. 그런 만큼 요리사의 급료는 높았다.

메리가 받는 요리사 월급은 45달러(요즘으로 치면 약 1,180달러)였다. 중산층 가정에서 일했다면 어림없을 금액이었다. 부유층일수록 많이 주었다. 그것도 중산층 가정에서 똑같은 일을 하고 받는 급료보다 두 배 많았다. 이례적인 일이 아니었다. 그저 어쩔 수 없는 현실일 뿐이었다.

메리는 완벽한 가사 노동자였을까? 자고로 그런 사람은 없었다. 만에 하나 메리가 완벽했다면, 이미 오래전에 어느 집 부엌에 붙박여 있었을 터였다. 따라서 워런 가족에게 요리해 주는 일도 없었을 것이다.

워런 부인이 메리 맬런을 면접한 내용은 기록으로 남아 있지 않다. 아예 면접을 하지 않았을 가능성도 있다. 마음에 들지 않는 요리사였다면, 워런 부인은 그냥 돌려보내고 말았을 것이다.

아무튼 메리 맬런은 직업소개소를 통해 워런 부인을 만났다. 그때 메리 맬런은 37세의 미혼이었고, 가족도 자식도 없었으며, 단 하루도 앓아누운 적이 없을 만큼 건강했다. 훌륭한 추천서도 두둑했다. 뭐, 한집에서 일한 기간이 기껏해야 1, 2년 정도로 짧긴 했다. 그거야 여느 가사 노동자와 견주어도 이상한 일이 아니

위험한 요리사 메리

었다. 뭐, 경력 공백기도 있긴 했다. 그러나 이것 역시 미심쩍어 할 만한 일은 아니었다.

메리 맬런은 아일랜드계 가톨릭교도였다. 아일랜드계 가톨릭교도에 대한 편견을 지닌 고용주도 더러 있었지만, 그런 풍조도 1906년 무렵에는 바뀌고 있었다. 특히 아일랜드계 여성을 대하는 태도가 달라졌다. 미국으로 이주한 아일랜드 태생의 여성 가운데 80퍼센트 이상이 가사 노동자로 억척스럽게 일했다. 직업소개소에서는 그들을 남달리 뛰어난 일꾼이라고 홍보했다.

많은 고용주도 이구동성으로 아일랜드계 노동자를 칭찬했다. 누구는 '재치 있다' 하고, 누구는 '팔심이 세고 입담이 좋다' 했다. '근면하다'는 이도, '독실하다'는 이도, '순결하다'는 이도 있었다. '아주 정직해서' 법적으로 문제를 일으킨 적이 거의 없었다고 말하는 이들도 있었다. 어느 고용주는 한마디로 평했다. "아일랜드인들은, 대체로, 성실합니다."

워런 부인도 그런 고정관념을 갖고 있었을까? 그건 알 길이 없다. 그러나 즉석에서 메리 맬런을 고용한 것만은 분명하다.

메리 맬런의 삶이 영원히 바뀌게 되는 순간이었다.

15

워런 부인이 요리사 문제를 겪다

## 2장

위런 가족이
먹은 것은
아이스크림**만**이
아니다

Terrible Typhoid Mary

메리 맬런은 짐을 꾸려 기차를 타고, 휴양지로 유명한 롱아일랜드 오이스터베이로 갔다. 기차에서 내린 다음 이스트메인스트리트라는 큰길에서 매카운스레인이라는 작은 길로 접어드는 모퉁이에 있다는 노란색 저택을 찾아갔다. 큼직큼직한 창문을 내고 우아한 아치문들로 장식한 집채를 베란다가 빙 둘러싸고 있었다.

정성껏 가꾼 널찍한 정원은 바닷가 쪽으로 비스듬히 기울어져 있었다. 도시 끝자락 해안가에 있는 그 집은, 찰스 엘리엇 워런 씨가 여름휴가를 보내기 위해 빌린 별장이었다.

요리사의 삶은 쉽지 않았다. 그나마 이곳은 메리 같은 이민자가 많이 거주하는 맨해튼 남부의 로어이스트사이드와는 달랐다. 우중충한 임대 아파트 따위는 없었다. 도심처럼 찌는 듯이 무덥지도 않았다. 거리는 사람들로 북적거리지도 않았고, 시끄럽지도 불결하지도 않았다.

오이스터베이에는 공기만 들이마셔도 맡을 수 있을 만큼 바다 냄새가 물씬 풍겼다. 햇빛 좋은 날이면 항구에 요트들이 꽃피

워런 가족이 먹은 것은 아이스크림만이 아니다

었다. 어민들은 모래펄에서 대합을 캤다. 하늘에서는 갈매기들이 맴돌며 끼룩대다가 높이 솟구쳐서 또다시 끼룩거렸다.

메리는 새 일터에 적응해 갔다. 그동안 다른 사람과 잘 어울리지도 않고 말수도 적은 메리에게 신경 쓰는 사람은 없었다. 그럴 만도 했다. 메리는 부엌에서 요리 솜씨를 뽐내느라 한시도 손을 놓을 새 없이 바빴다. 회전 손잡이가 달린 반자동 거품기와 채소 껍질을 벗기는 필러를 쓰면 한결 편했다. 그러나 섞고, 반죽하고, 밀대로 밀고, 휘젓고, 채소를 다듬고, 사과나 복숭아 따위의 과일을 얇게 저미는 등 손으로 직접 해야 할 일이 대부분이었다. 메리와 처지가 비슷한 요리사라면 설거지는 물론, 부엌과 식품 저장고를 쓸고 닦는 청소며 취사용 스토브를 닦고 광내는 일까지 해야 했다.

워런 부인이 이전 요리사를 해고한 이유를 알았건 몰랐건, 아무튼 메리는 그 얘기를 입 밖에 낸 적이 없었다. 아예 그 이유를 물어보지 않았을 개연성이 컸다. 메리를 아는 사람들 가운데, 어떤 이들은 '똑똑하지만' '대화에 통 끼지 않는' 여자라고 했다. '성미가 괄괄하고' '노려보는 눈빛만으로' 끽소리도 못 하게 할 여자라고 하는 이들도 있었다.

가뜩이나 말수가 적은 메리는 자신의 사생활이나 과거 얘기가 나올라치면 입을 아주 다물어 버렸다. 주로 혼자 지냈고, 다른 사람 일에 상관하지 않았으며, 그저 자신이 맡은 부엌일에만 신

위험한 요리사 메리

워런 부부는 네 자녀와 가사 노동자 다섯 명과 함께, 운치 있어 보이는 오이스터베이의 이 집에서 1906년 여름휴가를 보냈다. 오이스터베이 역사 협회 제공.

경 썼다. 그뿐이 아니었다. 고용주에 관해 입을 함부로 놀리지 않고 그 집에서 일어난 일은 그 집에 묻어 두는 축이었다. 이를테면 좋은 가사 노동자의 특성을 두루 지니고 있었다. 그런 면에서 보면 메리는 썩 훌륭한 가사 노동자였던 셈이다.

✢

메리는 새벽같이 일어났다. 단 하루도 아침 6시를 넘기는 법이 없었다. 제일 먼저 자기 요강을 가사 노동자들이 쓰는 옥외 변소에 비웠다. 그런 뒤 부엌으로 가서 수도를 틀어 찬물로 손을 씻었다. 온수용 수도가 없었으므로, 취사용 스토브에다 물을 데웠다. 그다음에는 가게에서 파는 딱딱한 다용도 비누를 설거지물 속에 넣고 손으로 문질러 풀어 놓았다. 그러다 보니 거칠거칠한 비누 표면에 살갗이 까져서 손이 벌게졌다.

이어서 스토브 아궁이에 불을 지폈다. 가장 때 묻기 쉬운 일을 마치고 나서야, 깨끗한 면직 원피스로 갈아입고 단단히 틀어 올린 머리채를 핀으로 고정한 뒤 새하얀 모자를 썼다. 하얀 앞치마의 고리를 목에 걸친 뒤 앞치마 끈을 허리에 동여맸다. 그다음에 볼, 숟가락, 나이프 따위의 취사도구를 나무 조리대에 한 줄로 정렬해 놓았다. 워런 가족에다 가사 노동자 다섯까지, 메리가 먹일 입은 모두 열하나였다. 그 많은 사람이 먹을 분량을 준비하려면 하루를 일찍 시작하는 수밖에 없었다.

위험한 요리사 메리

아침, 점심, 저녁 하루 세끼를 준비하는 것은 힘든데, 하물며 워런 부부가 손님을 초대해서 성대한 만찬회를 베푸는 날은 두말할 나위도 없었다. 그뿐이 아니었다. 아침마다 식전에 복도며 현관과 식당을 청소하는 것도 으레 요리사 몫이었다.

집이 큰 데 비하면, 아마 부엌은 작았을 것이다. 그 당시 설비가 잘된 부엌에는 취사용 가스스토브가 있었다. 1906년 무렵에는 전체 가정의 3분의 1이 석탄 스토브나 장작 스토브에서 가스 스토브로 바꾸었다. 개수대나 식기 건조대가 달린 싱크대, 나무 조리대도 갖추었고, 바닥에는 닦기 쉬운 리놀륨을 깔았다.

더러 찬장을 갖춘 집도 있었다. 그러나 대부분은 시렁과 일명 '부엌 피아노'kitchen piano라는 커다란 목제 가구를 썼다. 그것은 겉면을 목공예로 장식하고 서랍과 선반을 달아서 설탕, 밀가루, 소금, 향신료, 우유, 달걀, 당밀 등을 넣어 두는 높다란 수납장이었다. 여기에 덜어 놓고 남은 것은 부엌에 딸린 식료품 창고에 보관했다.

냉장고나 냉동고는 없던 시절이었다. 대개 집집마다 법랑을 안쪽에 입힌 아이스박스를 뒤쪽 베란다에 두었다. 거기에다 우유 배달부는 우유를, 얼음 장수는 얼음덩이를 편하게 넣어 놓고 갔다. 얼음값은 약 7킬로그램에 5센트(요즘으로 치면 약 1달러 43센트)였다. 무게, 기온, 아이스박스를 여닫는 횟수에 따라 다르지만, 대체로 얼음 상태가 며칠간 유지되었다.

워런 가족이 먹은 것은 아이스크림만이 아니다

부엌의 지배자라는 요리사로서, 메리는 식자재를 주문했다. 낭비하는 일이 없도록 꼼꼼히 확인했고, 가장 신선한 재료들로 선택했다. 고기는 인근 정육점에서, 빵은 가까운 제과점에서 구입했다. 과일은 인근 과수원에, 채소는 마을 채마밭에, 우유와 달걀과 버터는 인근 낙농장에 주문했다. 그렇게 구입한 재료들로 맛깔스러운 로스트, 촉촉한 케이크, 부드러운 푸딩을 만들었다. 메리가 특별히 잘하는 수제 아이스크림도 만들었다.

절약도 기술이었다. 워런 씨는 맨해튼에 있는 링컨 내셔널 은행의 부행장이었다. 게다가 미국에서 부자로 손꼽히는 밴더빌트 가의 자산을 관리해 주는 금융인이었다. 이를테면 재료비는 걱정하지 않아도 되는 집이었다. 그런데도 좋은 요리사라면 자투리 재료나 부스러기까지 활용할 방법을 찾게 마련이었다.

자투리 빵은 바싹 말린 뒤 강판으로 가루를 내서, 푸딩 소나 걸쭉한 그레이비소스를 만드는 데 썼다. 먹고 남은 토스트는 핫케이크나 브레드푸딩으로 바꾸었다. 고기 뼈다귀는 푹 고아서 콩수프의 풍미를 더했다. 자투리 채소는 수프를 만들 때 넣었다. 생선과 감자 쪼가리는 스테이크를 구울 때 나오는 기름에 튀겼다. 시큼해진 우유는 몽글몽글하게 굳혀 코티지치즈로 만들었다. 자투리 감자는 갖가지 빵으로 만들어 냈다. 달걀 껍데기조차 그냥 버리지 않았다. 표백용으로 활용했고, 냄비에 눌어붙은 육수, 젤리, 커피 찌꺼기를 제거하는 데도 썼다.

위험한 요리사 메리

이 집에 온 지 3주쯤 지난 어느 일요일이었다. 메리는 아이스크림 제조기의 금속통에 생크림과 우유와 설탕을 붓고 얼음을 가득 채운 뒤 소금을 뿌렸다. 그런 다음 내용물이 잘 섞이도록 제조기의 손잡이를 돌렸다. 몇 분 만에 부드럽고 뽀얀 아이스크림이 되었다. 거기에다 잘게 썰어 둔 싱싱한 복숭아를 넣고 살살 저었다.

그해 여름에는 복숭아가 유난히 달고 물이 많았다. 어느 과수원 주인은 지역신문 〈롱아일랜더〉에 '우리 지역 계절 특산물인 가장 크고 가장 맛있는 복숭아'라고 자랑하기도 했다.

메리가 그릇에 따로따로 담아서 쟁반에 올려놓은 아이스크림을, 하녀가 워런 가족에게 내다 주었다. 그날 저녁에는 가사 노동자들까지 모두 먹을 수 있을 만큼 아이스크림이 넉넉했다. 정원사도 기꺼이 먹었다. 아이스크림은 여름철 식사를 마무리하는 음식으로 제격이었다. 요리사로서는 가열할 필요가 없었다. 먹는 사람으로서는 아무리 배불리 먹었더라도 누구나 아이스크림을 먹을 배는 남아 있었다.

메리는 그 아이스크림을 일했던 집마다 거의 빠짐없이 만들어 주었다. 워런 가족도 가사 노동자들도 그 후식을 먹으면서, 감탄사 한마디씩 쏟아 냈을지 모른다. 복숭아를 자랑하는 신문 광고를 낸 과수원 주인을 두고 이야기꽃을 피웠을지도 몰랐다. 오죽 자랑스러웠으면, 몇 킬로미터나 떨어진 새거모어힐 저택으로

워런 가족이 먹은 것은 아이스크림만이 아니다

피서 온 시어도어 루즈벨트 대통령에게 한 바구니를 선사했겠느냐면서.

만찬회를 벌이고 나면 다음 날을 위해 뒤걷이할 거리가 잔뜩 쌓였다. 접시와 그릇 들을 씻고, 냄비며 팬을 박박 문질러 닦고, 음료용 주전자들을 씻어서 걸어 두고, 스토브를 청소하고, 모든 것을 원래대로 정리해 놓았다.

혹시 잠자러 들어가기 전에, 메리는 널따란 베란다에 잠깐 서 있지는 않았을까? 롱아일랜드 해협에서 대서양까지 죽 이어진 바닷가에서 풍겨 오는 짭짜래한 바람을 들이마시면서, 아일랜드로 돌아갈까 하는 생각을 언뜻 떠올리지는 않았을까? 십대 소녀 때 혼자서 떠나온 그곳으로?

고용주들에게든 동료 노동자들에게든, 메리는 자신의 성장기에 관해 말한 적이 없었다. 우리가 메리에 관해 아는 것이라고는 대부분 몇 가지 서류, 메리에 관해 다른 사람들이 평가한 말이나 글, 메리의 여섯 쪽짜리 자필 편지에서 얻은 정보들이다.

사망 진단서로 보건대, 메리는 1869년 9월 23일 아일랜드에서 태어났다. 아버지는 존 맬런, 어머니는 캐서린 이고이다.

다른 기록들에 따르면, 메리는 티론주 쿡스타운에서 태어났다. 15세 무렵에 증기선을 타고 미국으로 건너온 뒤, 뉴욕에 있는 친척 아줌마네 집에서 살았다. 함께 산 지 얼마 안 돼 친척 아줌마 부부가 둘 다 사망하는 바람에, 십대 소녀 메리는 낯선 나라에

위험한 요리사 메리

홀로 남겨졌다.

메리가 왜 아일랜드를 떠났고 고향에 누구를 두고 왔는지는 알 길이 없다. 다만 부모가 1845년부터 1850년까지 계속된 대기근 때 살아남은 사람들이라는 것은 안다. 그때 감자 농사를 망쳐서, 가난한 사람들 100만 명이 굶주림이나 굶주려서 생긴 질병으로 목숨을 잃었다. 메리가 태어난 북아일랜드 티론주에서는 전체 주민의 10퍼센트가 사망했다. 대부분의 주에서는 사망자 수가 그보다 훨씬 많았다. 어쩌면 메리는 더 나은 삶을 꿈꾸며 미국에 왔을지 모른다.

몇몇 자료로 미루어 짐작하건대, 메리는 읽고 쓰고 셈할 줄 알았다. 메리 또래의 문맹률이 아일랜드는 30퍼센트 미만이었던 반면, 미국은 90퍼센트가 넘는 시절이었다. 바느질과 코바늘 뜨개질도 꽤 잘했던 것으로 보인다.

메리가 요리를 어떻게 배웠는지도 알 길이 없다. 뉴욕시에서 처음부터 요리사로 일하지는 않았을 것이다. 아마도 처음에는 식구가 적은 집에서 빨래 일을 하다가 차츰 다림질, 청소까지 하게 되었을 것이다. 그런 일을 아주 버젓이 잘 해냈던 모양이다. 그러니 착실한 일꾼으로 여긴 고용주들이 휴가를 갈 때면 같이 데리고 가서 요리를 맡겼을 법도 하다.

메리가 어느 병원의 어린이 병동에서 일했을 때를 보도한 나중 기사들로 보아, 메리도 아이들을 좋아하고 아이들도 메리를

25

워런 가족이 먹은 것은 아이스크림만이 아니다

따랐다는 사실을 엿볼 수 있다. "입원한 아이들이 몹시 아파하는데 곁에서 돌봐 줄 사람이 아무도 없을 때가 많았어요."라고 메리는 〈뉴욕 월드〉 기자에게 말했다.

메리가 왜 아일랜드에서 지낸 자신의 과거에 초연한 태도를 보였는지는 알 길이 없다. 고통스러운 기억에서 도망치고 있었던 것일까? 수치스러운 기억에서 빠져나오려고 했던 것일까? 그 이유가 무엇이든, 그런 초연함이 어쩌면 역경에 대처하고 힘든 일을 감당하고 살아남는 데 보탬이 되었을 것이다.

세월 따라 엷어졌기야 했겠지만, 고음과 저음을 넘나드는 경쾌한 아일랜드 말씨는 아주 잃었을 리 없다. 그 말씨만이 메리가 항상 지니고 다니는 아일랜드의 일부였고, 메리가 남들에게 유일하게 드러낸 과거의 일부였다.

✛

메리는 오이스터베이의 일상에 적응이 되었다. 워런 가족의 식사는 정성껏 준비하고 가사 노동자들 끼니는 조금 덜 비싼 재료로 융통성 있게 마련했다.

8월이 끝나 가던 어느 날이었다. 아홉 살 된 마거릿 워런이 무척 피곤해하고 빌빌거리면서 언니, 남동생들과 뛰어놀지도 못했다. 머리가 아프다고 호소하기도 했다. 워런 부인이 만져 보니 딸의 얼굴이 뜨거웠다. 급기야 고열이 나고 설사까지 했다.

위험한 요리사 메리

모르면 몰라도, 워런 부인은 처음에는 별로 걱정하지 않았을 것이다. 어느 유명한 광고대로라면, 여름철에 어린아이들이 설사를 하는 것은 흔한 일이었다. 그 도시의 지역신문에 실린 광고는 이렇게 장담했다. "체임벌린에서 제조한 배앓이 약, 콜레라 약, 설사약을 조금씩 먹인 다음에 장을 깨끗이 씻어 낼 피마자기름을 한 번만 먹이면 됩니다." 그 약은 동네 약국에서 25센트에 구할 수 있었다.

그때부터 며칠 동안 메리는 수프를 저으랴, 당근이며 감자 껍질을 벗기랴, 푸딩과 케이크 반죽을 만들랴, 복숭아와 갓 수확한 사과를 저미랴 정신없이 이것저것 만들어 댔지만, 마거릿의 상태는 갈수록 나빠졌다.

내릴 줄 모르던 열이 급기야 40.5℃까지 오르더니 헛소리까지 했다. 하녀들은 번갈아 가며 그 어린 여자애의 이마에 차가운 물수건을 얹어 주었다. 열이 내리도록, 워런 부인이 시키는 대로 찬물을 채운 욕조에 마거릿을 집어넣기도 했다. 아무 소용 없었다. 기침이 멎기는커녕 되레 심해졌고, 망치로 두드리는 것처럼 머리가 깨질 듯이 아프다고 마거릿은 하소연했다.

설사에 피가 섞여 나오고 냄새가 지독했다. 마거릿이 설사하는 족족 하녀들은 더러워진 침대보를 벗겨서, 빨래를 할 수 있는 아래층으로 부랴부랴 가져갔다. 메리는 냄비들을 스토브에 올려놓고 계속 물을 끓여 댔다. 하녀였는지 세탁부였는지는 몰라도,

워런 가족이 먹은 것은 아이스크림만이 아니다

아무튼 누군가가 침대보를 뽀득뽀득 빨아서 널었다. 그런 한편 하녀들은 새 침대보를 들고 위층으로 뛰어갔다.

이윽고 마거릿의 몸에 또렷하게 돋은 발진 이야기가 삽시간에 온 집 안에 퍼졌다. 워런 부인은 곧바로 의사를 불렀다.

의사는 확진 판정을 내렸다. 마거릿이 장티푸스에 걸렸다는 것이었다. 장티푸스는 전염성이 높고, 치사율이 20퍼센트에 이르는 치명적인 내장 질환이었다.

1906년에는 장티푸스를 예방할 면역법이 없었다. 백신은 1911년에 발견하게 된다. 치료법도 없었다. 항생물질은 1942년에 발견되고, 더구나 장티푸스 치료제로 쓰이는 클로로마이세틴은 1949년에야 발견된다.

워런 부부가 할 수 있는 일은 기껏해야 증상에 따라 대처하면서 기다리고 빌고 기도하는 것뿐이었다. 만약 마거릿이 살아난다면, 장티푸스에 대한 면역이 자연스럽게 생길 터였다.

일주일 만에, 다섯 사람이 더 발병했다. 워런 부인, 마거릿의 언니, 하녀 두 명, 정원사였다. 그중 두 사람은 인근 병원에 입원했고, 나머지는 왕진을 받았다.

장티푸스의 가장 흔한 원인은 오염된 식수이다. 워런 부부도 식수가 오염되었다고 확신하고 짐을 꾸려서 서둘러 안전한 자기네 집으로 돌아갔다. 그들이 사는 집은 뉴욕시 맨해튼의 부촌인 어퍼이스트사이드에 있는 갈색 사암으로 지은 타운하우스*였다.

위험한 요리사 메리

마거릿의 남동생 둘은 위험이 사라질 때까지 뉴저지에 사는 친척 집에 맡겼다.

메리 맬런은 워런 가족의 집에는 따라가지 않았다. 워런 부인이 메리를 요리사로 쓸 필요가 없었기 때문일 수도 있다. 메리가 조건이 더 좋은 일자리를 찾았기 때문일 수도 있다. 어쩌면 메리가 자신도 그 끔찍한 질병에 걸릴 것을 두려워했기 때문일 수도 있다. 하필이면 자신이 일했던 많은 집에서 장티푸스가 자꾸 발생하다니, 운도 지독히 없다고 생각했을 수도 있다.

아무튼 메리가 함께 가지 않은 이유는 알려진 바가 없다. 앞으로도 영영 알 길이 없다. 메리는 워낙 말이 없는 사람이었다. 사생활을 드러내지도 않았고, 자기 일에만 신경 쓴 사람이었다.

메리는 다른 사람들도 그러기를 기대했다.

* 복층 구조로 지은 고급 연립 주택. —역자 주

29

워런 가족이 먹은 것은 아이스크림만이 아니다

# 3장

## 통상적인 원인을 조사하다

Terrible Typhoid Mary

9월이 다 가도록 오이스터베이의 그 운치 있는 집은 비어 있었다. 창문마다 커튼을 쳐 놓았고 문은 모두 잠겨 있었다. 정원사도 발병한 탓에 풀들은 더부룩이 자란 채로, 산울타리는 다듬지 않은 채로, 꽃밭은 가꾸지 않은 채로 방치되어 있었다.

9월 말에 집주인*인 톰슨 부부가 오이스터베이로 돌아왔다. 이곳에 있는 집은 톰슨 부부가 소유한 부동산 세 채 중 하나였다. 부부는 여름철이면 이 집은 주로 세를 놓고, 캐츠킬 산맥에 있는 자기네 별장으로 휴가를 떠나곤 했다.

톰슨 부부는 〈뉴욕 타임스〉에 실린 기사를 못 본 것이 분명했다. 1906년 9월 11일 자 1면에 워런 가족에 관한 기사가 실렸던 것이다. "한집에서 다섯 명이 발병하다"라는 제목으로.

여름이 끝났으니 워런 가족은 이미 떠나고 없었다. 톰슨 부부가 예상했던 대로였다. 그런데 그들이 꿈에도 생각하지 못한 일

* 소퍼가 집주인을 알아낸 것은 장티푸스가 발생한 지 12년 만이었다. —저자 주

통상적인 원인을 조사하다

들이 생겼다. 자기네 집이 장티푸스 전염병의 진원지일 줄은, 듬직하던 정원사가 그 병에 걸렸을 줄은 미처 몰랐던 것이다. 다행히 정원사는 회복 중이었고 완쾌할 것으로 보였다.

톰슨 부부는 충격을 받았다. 장티푸스는 부자촌 오이스터베이에서는 흔한 질병이 아니었다. 자신들이 아는 한 장티푸스라면 불결한 환경이나, 용변 및 위생 습관이 철저하지 못한 빈민층과 관련이 있었다. 워런 가족이 그럴 리 없었다. 보나 마나 청결 습관이 몸에 배어 있을 사람들이었다.

그런데 〈뉴욕 타임스〉 기사에서 지목한 원인은 워런 가족도 가사 노동자들도 아니었다. 자기네 집을 탓하면서 "상수도 상태가 불량한 것으로 추정된다."라고 썼다. 그 때문에 톰슨 부부는 불안감에 휩싸였다.

자기네 집에 장티푸스의 근원지라는 오명이 붙으면 어찌 될지 뻔했다. 아주 불가능하지는 않더라도 앞으로는 세를 놓기가 어려울 터였다. 그 정도는 약과였다. 만약 감염 원인이 자기네 집에 있고 그 문제를 근본적으로 해결할 방법이 없다면, 거주 부적합 또는 소각 판정을 받을 수도 있었다. 그런 조치가 내려지는 건 아주 드물고 극단적인 상황이었지만, 문제를 해결하고 공중 보건을 지키기 위해서라면 반드시 필요한 대책이었다.

톰슨 씨는 곧바로 지역 보건소에 연락했다. 보건 담당관들도 걱정이 태산이었다.

위험한 요리사 메리

✠

1900년 무렵 과학계, 의료계, 보건계에서는 세균 병인설을 받아들였다. 맨눈에는 보이지 않는 미생물, 곧 세균(박테리아)이 질병의 원인이라고 주장한 이론이 입증되었다고 전문가들이 인정한 셈이었다.

장티푸스의 원인으로 가장 흔하게 꼽히는 것은 **살모넬라 타이피**Salmonella typhi에 오염된 물이다. 이 세균은 수돗물에서도 물기없이 마른 하수관 안에서도 몇 주 동안 살 수 있다. 장티푸스에 걸린 사람이 화장실에서 용변을 보았다면, 감염된 대소변이 옥외변소로까지 흘러들거나 오물 구덩이로 쏟아져 내리게 된다. 이때조처를 제대로 취하지 않으면 문제가 생길 수 있다. 예컨대 옥외변소나 오물 구덩이에 쌓인 인간 배설물을 완전히 비워 내고 깨끗이 청소하지 않으면, 장티푸스균이 상수도로 새어 들 가능성이있는 것이다.

장티푸스균이 일단 상수도로 흘러들면, 얼마든지 사람 몸속에 침투할 수 있다. 오염된 물을 한 모금만 마셔도, 오염된 물로씻은 과일이나 채소를 한 입만 먹어도, 세균은 고스란히 창자로들어가 병을 일으키게 된다.

그 사실을 잘 아는 보건소 조사관들은 살모넬라 타이피가 그집에 침투한 경로를 파악하느라 분주했다. 마구간, 오물 구덩이, 옥외 변소 등의 오물이 상수원上水源인 우물로 새어 들어 수돗물

33

이 오염되었을 가능성도 있을까?

조사관들은 워런 가족이 사용했던 2층 화장실 변기에 플루오레세인을 쏟아부었다. 그리고 나서 화장실 수도와 아래층 부엌의 수도를 차례차례 틀어 보았다. 만약 수돗물이 주황색으로 변하면, 화장실 변기 배관이 새서 실내 수돗물까지 오염되었다는 사실을 확인하게 되는 셈이다.

수돗물은 맑았다.

조사관들은 이번에는 기다란 고무장화와 장갑을 착용하고, 오물 구덩이와 마구간을 철벅거리며 표본을 채취했다. 가사 노동자들이 사용하던 옥외 변소에서는 검사용 용구를 내려뜨려서 표본을 떠냈다. 우물, 다락에 설치해 놓은 물탱크, 부엌 수돗물, 화장실 수돗물에서도 각각 표본을 채취했다. 그런 다음 표본들을 실험실에 보냈다.

지역 보건소에서 검사 결과를 기다리는 동안에도, 조사관들의 활동은 계속되었다. 혹시 우유 배달부의 장화 바닥에 묻어 있던 세균이 옮은 것일까? 우유를 생산한 낙농장이 오염된 것은 아닐까? 워런 가족이 오염된 과일이나 채소를 먹었던 것일까? 모두가 의심해 볼 만한 여지가 있었다. 오염된 물을 농업용수로 쓰거나 과일이며 채소를 씻는 데 썼을 가능성도 있었기 때문이다.

그러나 조사관들은 낙농장이 오염되었을 가능성은 배제했다. 오이스터베이 주민이 거의 대부분 같은 낙농장에서 생산한 우유

위험한 요리사 메리

와 크림을 구입했지만, 다른 집에서 장티푸스 환자가 발생한 사례는 한 건도 없었던 것이다. 과일과 채소가 오염되었을 가능성역시 배제했다. 장티푸스가 발생했을 무렵 과일과 채소를 날로먹은 사람이 없었기 때문이다.

게다가 그 이후로 오이스터베이의 어느 집에서도 장티푸스가발생하지 않았다. 만약 우유나 과일 또는 채소가 감염 원인이었다면, 장티푸스 발생 규모는 어마어마하게 컸을 터였다.

실험실에서 검사 결과를 보내왔다. 수돗물에서도, 옥외 화장실에서도, 오물 구덩이에서도 해로운 세균이 전혀 발견되지 않았다는 내용이었다.

한편 〈뉴욕 타임스〉는 워런 부인이 호전되었고 "마거릿 워런양도 간절한 바람대로 좋아지고 있다."고 보도했다. 이 기사를 보고 틀림없이 톰슨 부부도 보건 담당관들도 안도했을 것이다.

조사는 철저히 이루어졌다. 같은 시기에 발병한 다른 사례도,뒤이어 발병한 사례도 전혀 없었다. 결국 지역 보건 당국은 그 장티푸스 발병 사례를 미제 사건으로 처리했다. 앞으로도 미궁으로남을 터였다. 위험은 지나갔다. 사건은 그렇게 종결되었다.

예외는 있었다.

톰슨 부인에게는 아직 끝낼 수 없는 사건이었다. 오이스터베이의 그 집은 결혼할 때 받은 선물이었다. 부인은 문제를 해결하고 싶었다.

35

통상적인 원인을 조사하다

## 4장

전염병 퇴치사가
**단서**를
추적하다

Terrible Typhoid Mary

하루하루 시간이 지날수록, 톰슨 부인은 조바심이 났다. 자기 집이 마을 사람들 입방아에 올랐다.

보건소 조사관들이 구석구석을 샅샅이 조사했건만, 검사 결과가 모두 음성으로 나왔건만, 사건이 종결되었건만, 그 지역 사람들은 여전히 자기네 집 수돗물이 오염되었다고 여겼다.

가을이 겨울로 바뀌었다. 톰슨 부인은 지레 걱정스러웠다. 이듬해 여름에 집을 세놓을 수 있을까. 과연 위험을 무릅쓰고 장티푸스로 여섯 명이나 목숨을 잃을 뻔했던 집을 빌릴 사람이 있을까. 미궁에 빠진 사건을 풀어야 했다. 결단코.

그러던 어느 날 뜻밖의 행운을 만났다. 친구들을 통해 조지 A. 소퍼George A. Soper 박사를 소개받았다. 노련한 역학자疫學者로 통하는 위생 공학자라고 했다. 자칭 '전염병 퇴치사'이기도 했다.

소퍼는 장티푸스 전염병을 전문적으로 연구하는 사람으로 유명했다. 매사추세츠주 보스턴, 뉴욕주 이서카 등 여러 도시에서 발생한 장티푸스를 조사했고, 상당한 성공을 거두었다. 조사 도

전염병 퇴치사가 단서를 추적하다

중에 장티푸스 환자 두 명과 일가족을 밖으로 모두 내쫓은 뒤, 집을 불태우라고 지시한 사례도 한 번 있었다.

톰슨 부인은 틀림없이 실낱같은 희망을 품었을 것이다. 자신이 고용했으니까, 어쩌면 이 남자는 자기 집을 소각하는 일 없이 미궁에 빠진 사건을 풀 수 있을 거라고.

✛

톰슨 부부가 소개받은 그 사람은 의학 박사가 아니었다. 보건 전문가도 아니었다. 과학자는 더더구나 아니었다.

조지 앨버트 소퍼는 당시 36세의 위생 공학자였다. 미국 육군 위생 부대에서 복무했고, 컬럼비아 대학교 광업 대학*에서 박사 학위를 받았다. 그런데 의학 논문과 의학책을 즐겨 읽었다. 특히 질병의 유행 양식, 원인과 결과를 연구하는 역학에 관심이 많았다.

미국은 전국적으로 시청에서 소퍼와 같은 위생 공학자를 고용하고 있었다. 주거 환경과 공중 보건을 개선하고 전염병을 예방하기 위한 노력의 일환이었다.

도시는 손길이 필요했다. 1900년에 전문가들이 추산한 연간 평균치를 보면, 뉴욕 시민 1인이 버리는 음식물 쓰레기는 약

---

* Columbia University's School of Mines, 컬럼비아 공과 대학의 전신. —역자 주

위험한 요리사 메리

70킬로그램, 취사용 스토브와 난로에서 나온 재는 약 540킬로그램, 구두며 가구 따위의 잡동사니 생활쓰레기는 약 45킬로그램이었다. 그뿐이 아니었다. 뉴욕시에는 10만 마리가 넘는 말이 있었다. 한 마리가 하루에 쏟아 내는 대변은 10여 킬로그램, 소변은 15리터가 넘었다. 거리 및 하수관 청소, 정기적인 쓰레기 수거 작업을 하지 못한 탓에 온갖 쓰레기며 오물 들이 거리에서 그대로 썩어 갔다. 마침내는 썩은 물이 식수원으로 흘러들어, 식수가 오염되고 질병이 확산되었다.

대책을 세워야 했다. 각 시청은 산하 보건국과 협력하여 사업을 진행했다. 위생 공학자들은 환기 장치와 수세식 화장실을 개선한 임대 아파트, 인간 배설물을 처리할 수 있는 대규모 하수 시설을 설계했다. 안전하고 깨끗한 식수를 공급할 공공 수도 사업도 계획했다. 이런 개선 사업에 힘입어 장티푸스 발생률이 67퍼센트로 떨어졌다.

그러나 조지 소퍼는 야심만만한 전염병 투사였다. 67퍼센트로는 성에 차지 않았다. 그것은 곧 위험이 여전히 존재한다는 뜻이었다. 게다가 소퍼에게는 그런 믿음을 입증할 자료도 많았다. 워런 가족이 장티푸스에 걸렸던 바로 그해인 1906년의 경우, 뉴욕시에서 발생한 장티푸스 환자는 3,467명으로 집계되었고 그중 639명이 사망했다. 톰슨 부인이 자신이 처한 곤경을 설명하면서 도움을 청했을 때 소퍼가 응한 것도 그 때문이었다.

전염병 퇴치사가 단서를 추적하다

Department of Street Cleaning
1923

뉴욕시 거리 청소부들이 아침 출근 점호 시간에 줄지어 서 있는 모습.
1923년도 사진. 뉴욕 시청 기록관 제공.

이 위생 공학자가 톰슨 부인의 청을 뿌리칠 이유는 많았다. 조사가 힘들 터였다. 발생한 지 한참 되었다는 것도, 오이스터베이의 그 집이 비어 있는 데다 감염자들마저 떠나 버린 것도 문제였다.

게다가 경험도 많고 명성까지 얻은 소퍼가 나서기에는 하찮은 사례였다. 그러나 그는 호기심이 강했고, 그 사건에 마음이 끌려서 조사해 보기로 했다.

✠

소퍼는 제의를 받아들인 즉시 오이스터베이로 향했다. 톰슨 부부의 집에 도착하자마자 소매를 걷어붙이고 조사 작업을 시작했다.

역학자가 일하는 방식은 사립탐정과 비슷하다. 각종 근원지에서 정보를 수집하여 전염병의 확산 경로를 확인하고, 통제 및 근절 방법을 결정한다.

소퍼는 앞서 조사관들이 밟았던 단계를 거꾸로 추적해 나갔다. 그들이 놓친 단서를 찾아내고, 장티푸스의 발생 경로를 논리적으로 재구성해 볼 셈이었다.

먼저 감염원이 외부에서 집 안으로 옮아왔을 가능성부터 살폈다. 결과는 앞선 조사단과 마찬가지였다. 소퍼 역시 우유, 과일, 채소가 오염되었을 가능성은 배제했다.

그다음에는 수돗물, 우물, 물탱크, 오물 구덩이, 옥외 변소에

전염병 퇴치사가 단서를 추적하다

서 각각 표본을 채취했다. 그 표본들을 실험실에 보내 검사를 요청했다. 검사 결과는 모두 음성으로 나왔다.

소퍼는 훗날 이때의 심정을 이렇게 밝혔다. "실망스러웠습니다. 앞서 조사단이 벌인 작업은 철두철미했던 겁니다. 저도 나름대로 할 만큼 했지만, 문제점을 발견하지 못했어요."

어쩌면 감염 원인이 그 집 자체에 있을지 몰랐다. 소퍼는 그집의 역사를 살펴보았다. 그 결과 5년 전에 이 집에서 장티푸스 환자 한 명이 발생했다는 사실을 알아냈다. 그러나 그 뒤로도 계속 임대되었는데, 장티푸스가 재발한 적은 없었다. 워런 가족만 예외였다.

그 때문에 집도 배제되었다. 소퍼의 관심은 이제 워런 가족의 습관에 쏠렸다. 우유, 과일, 채소가 오염되었을 가능성은 일찌감치 배제되었지만, 사람에 의해서든 식료품에 의해서든 감염 물질이 집 안으로 옮아온 게 틀림없다고 소퍼는 확신했다.

혹시 놓친 단서가 있을까?

사실 정보들을 되살펴 보던 소퍼는 단서 하나를 발견했다. 워런 가족이 유독 즐겨 먹은 것이 대합이었다. 그들이 먹은 대합은 주로 톰슨 부부의 집에서 그다지 멀지 않은 바닷가에서 천막을 치고 사는 노파에게 샀다.

소퍼는 그 노파를 수소문했지만 끝내 찾지 못했다. 겨울이 되면서 천막을 접어 떠났다고 했다. 소퍼는 대합을 캔 모래펄을 검

위험한 요리사 메리

사했고 중요한 사실을 발견했다. "하수에 오염된 곳에서 대합을 캔 경우가 가끔 있었다."고 그는 밝혔다.

바닷물이 오염되었다면, 대합도 오염되었을 터였다.

그렇다고 해도 여전히 의문점은 남았다. 장티푸스의 발생 원인이 대합이라면, 왜 단 한 집에서만 발생한 것일까? 소퍼는 이렇게 자문했다. 그 지역 사람들은 대부분 대합을 좋아하는 듯했고, 같은 노파에게 샀거나 같은 모래펄에서 캔 것을 구입했을 터였다.

정보를 더 꼼꼼히 살펴본 소퍼는 워런 가족이 7월 15일 이후로 대합을 먹지 않았다는 사실을 알게 되었다. 마거릿이 앓기 시작한 것은 그로부터 43일이 지난 8월 27일이었다. 장티푸스균은 잠복기가 10~14일이다. 그렇다면 대합은 원인이 될 수 없었다.

소퍼는 좌절감에 빠졌으나, 장티푸스균이 외부에서 옮아왔을 것이라는 확신은 여전했다. 하지만 어떻게? 누구에 의해서? 물도 우유도 과일이나 채소도 대합도 아니고, 옥외 변소나 오물 구덩이도 아니라면? 누구 또는 무엇 때문이었을까?

소퍼는 다시금 사실 정보들을 되짚어 보았다. 이번에는 8월 한 달에만 집중했다. 발병 순서를 따져 보았다. 마거릿을 시작으로 마거릿을 간병한 하녀 둘, 워런 부인, 마거릿의 언니, 몇 년 동안 그 집에서 일한 정원사가 차례로 뒤를 이었다. 워런 가족 또는 가사 노동자들 가운데 **어느 한쪽**에서만 발병한 것도 아니라는 점

전염병 퇴치사가 단서를 추적하다

에 소퍼는 주목했다. **양쪽 모두** 포함되어 있었던 것이다.

의미심장한 단서였다. 병의 진행 과정으로 보아, 마거릿에게 직접 옮은 사람은 없다고 소퍼는 확신했다. 누구 또는 무엇이었든, 마거릿이 걸린 것과 똑같은 원인에 의해 따로따로 감염된 것이라고 직감했다.

조지 소퍼는 뉴욕 어퍼이스트사이드에 산다는 워런 가족의 집을 찾아가서 면담했다. 어떤 이유로든 오이스터베이를 떠났던 사람이 있었는지 물었다. 만일 있었다면, 바로 그 사람이 어딘가에서 감염된 채 집에까지 옮겼을 가능성이 있었다. 소퍼의 추론으로는 그랬다.

하지만 없다고 했다. 가족 중에도, 가사 노동자들 중에도 어디를 갔다 온 사람은 없었다고. 여행이든, 들놀이든, 또 다른 이유로든 그런 사람은 아무도 없었다고.

예외는 있었다.

해고된 요리사가 8월 첫 주에 오이스터베이를 떠났고, 워런 부인이 고용한 요리사가 새로 왔다. 그 요리사가 들고 온 추천사들은 훌륭했다. 내로라하는 명문가에서 일한 경력까지 있었다. 워런 가족이 머문 집에서는 8월 4일부터 일했다. 그 요리사 이름은 메리 맬런이라고 했다.

소퍼는 머릿속으로 날짜를 헤아려 보았다. 장티푸스가 발생한 것은 메리 맬런이 요리를 시작한 날로부터 정확히 3주 뒤였다. "개중에서도 단연코 가장 중요한 단서였다."라고 소퍼는 훗날 의학 저널들에 발표한 글에서 썼다.

그럴 만도 했다. 그것이 워런 가족이 묵었던 그 집에서 유일하게 바뀐 요소였기 때문이다. 소퍼는 더 캐물었다. 새로 고용한 요리사가 어떤 음식을 만들었느냐고.

마침내 소퍼는 워런 가족이 생과일을 먹었다는 사실을 알게 되었다. 그 요리사가 특별히 만든 후식은, 익히지 않은 복숭아를 잘게 썰어서 섞은 수제 아이스크림이라고 했다. 맛이 기막혔다는 그 후식을 차려 낸 것은 8월 20일 일요일. 그 요리사가 도착한 지 딱 16일 뒤였다.

냉동으로는 세균을 죽이지 못한다. 다만 얼어서 가만있게 할 뿐이다. 위생 공학자인 소퍼는 그 사실을 알고 있었다. 큰창자는 세균이 번식하기에 딱 좋은 환경이라는 것도 알았다.

큰창자는 작은창자와 이어져 돌돌 감아 놓은 소시지처럼 생겼고, 길이는 성인 기준으로 1.5미터쯤 된다. 세균이 우글거리는 아이스크림이 일단 목구멍으로 넘어가면 위를 거쳐 창자로 이동한다. 큰창자 안의 온도는 37℃이고, 세균은 그 온도에서 번성한다. 장티푸스균이 번성하고 증식하기 좋은 따뜻하고 음습한 환경을 찾은 셈이다. 증식 속도와 규모는 엄청나다. 단세포 생물체인 세균 하나가 24시간 이내에 800만 개로 불어날 수 있다.

"내 추측으로는 요리사가 자기 손에서 미생물을 씻어 내서 한

전염병 퇴치사가 단서를 추적하다

가족이 감염되게 한 방법을 알아내는 것이 최선이다."라고 훗날 소퍼는 썼다.

소퍼가 사실 정보들을 종합해서 내린 결론인즉, 겉으로는 건강해 보이는 메리 맬런의 쓸개와 큰창자에는 장티푸스균이 득시글거린다는 것이었다. "그 여자의 손에도 얼마간 묻어 있었던 게 틀림없다. 용변 직후에 묻어났을 것이다. 그러나 소변에서 묻었는지 대변에서 묻었는지는 확인할 길이 없었다."고 소퍼는 썼다.

소퍼는 미루어 짐작했다. 메리가 용변을 본 다음에 손을 철저하게 씻지 않고 음식물을 다루었을 것이라고. 소변에서 묻어났든 대변에서 묻어났든 장티푸스균이 손이나 손가락 밑에 계속 붙어 있었을 거라고. 복숭아를 깎아 잘게 썰어 아이스크림에 넣고 휘휘 젓는 사이, 세균이 후식으로 옮아갔을 테고, 그 상태로 아이스크림을 차려 냈을 것이라고.

이렇게 추론한 소퍼는 워런 가족이 묵었던 집에서 발생한 장티푸스의 책임은 요리사에게 있다고 믿기에 이르렀다.

소퍼의 논문들에는 메리가 불결한 습관을 가진 요리사로 서술되어 있다. 만약 메리가 장티푸스균에 감염되었다면, 손을 깨끗이 씻는 것만으로 세균을 없애기는 거의 불가능하다. 세균을 완전히 제거하려면 손에 비누칠을 한 뒤 손바닥과 손등, 손가락 사이사이, 손톱 밑까지 박박 문질러 닦고 나서 60℃의 뜨거운 물로 최소 30초 동안 씻어 내야 한다. 그 정도로 뜨거운 물이라면

위험한 요리사 메리

5초만 손을 대고 있어도 3도 화상을 입을 수 있다. 소퍼의 논문들에서 이런 내용은 찾아볼 수 없다.

"그 여자를 찾아서 조사해 보면, 장티푸스 원인을 확정 지을 사실 정보를 얻을 것 같았어요."라고 소퍼는 말했다.

사라진 요리사를 찾는 일이 쉬울 리 없었다. 메리 맬런이 워런 씨네 요리사를 그만둔 지도 이미 한참 지났다. 현재 행방은 묘연했다. 주소도, 전화번호도 몰랐다.

그래도 신상 정보는 대략 알아냈다. 이름은 메리 맬런. 아일랜드 태생의 여성으로 현재 나이 38세. 큰 키, 새파란 눈동자, 고집스러워 보이는 입매, 다부진 턱, 아주 건강해 보이는 모습 등의 신체적 특징 따위. 아울러 맨해튼에 있는 직업소개소를 통해 취업했다는 사실도 알아냈다.

소퍼는 그 요리사를 반드시 찾아낼 작정이었다. 신발이 닳도록 돌아다녀야 할지라도.

전염병 퇴치사가 단서를 추적하다

## 5장

# 요리사,
# 부엌을 지배하다

사라진 요리사를 찾기 위한 조지 소퍼의 추적이 시작되었다. 맨 먼저 워런 부인이 메리 맬런을 소개받았던 '스트리커 부인의 직업소개소'부터 들렀다.

직업소개소 소장은 알고 보니 이름과 달리 남자였다. 소장은 메리가 현재 어디 있는지 모른다면서, 여태껏 메리가 일했던 일곱 가정의 주소가 적힌 종이를 건네주었다. 완벽한 목록은 아니었다. 메리가 몇 년 동안 이용한 직업소개소가 몇 군데 더 있었기 때문이다. 게다가 구인 광고를 보고 직접 일자리를 찾은 적도 더러 있었다.

아무튼 소퍼는 그 목록을 출발점으로 삼았다. 미궁에 빠진 사건을 풀려고 애쓰는 탐정처럼, 주소들이 적힌 종이를 손에 들고 도시의 거리를 열심히 돌아다니며, 예전 고용주들의 문을 하나하나 두드렸다.

자칭 전염병 퇴치사였던 조지 소퍼에게 미궁에 빠진 사건의 핵심은 '누구 짓이냐?'가 아니었다. 중요하긴 해도, 메리의 행방

요리사, 부엌을 지배하다

역시 아니었다. 메리 맬런이 요리사로 고용되어 일하는 동안 그 집에서 이례적인 일이 일어났는지 여부였다.

소퍼는 메리 맬런에게 불리한 사건을 구성하고 있었다.

✛

조지 소퍼에게는 지론이 있었다.

질병 예방에 관심이 많은 위생 공학자인 만큼, 소퍼는 로베르트 코흐(1843~1910) 박사의 업적을 잘 알았다. 독일의 유명한 세균학자인 코흐 박사는 특정 세균이 특정 질병을 일으키며, 세균은 전염성이 있다는 것을 증명해 보인 인물이었다. '코흐의 공리'로 알려진 그의 실험 방법론은 오늘날에도 여전히 사용된다.

1900년에 이르러 과학자들은 디프테리아, 콜레라, 장티푸스와 같은 감염성 질병에서 회복되었을지라도, 다시 말하면 아주 건강해 보일지라도 여전히 해당 질병을 퍼뜨릴 수 있는 사람이 더러 있다는 사실을 발견했다. '건강 보균자'(무증상 보균자)로 알려진 사람들이었다. 그들은 자신이 세균을 퍼뜨린다는 사실을 전혀 몰랐다.

코흐는 1902년에 유럽의 건강 보균자를 주제로 한 논문을 발표했다. 그리고 3년 뒤에 노벨 생리학·의학상을 수상했다. 그러나 미국에서는 건강 보균자라는 개념이 아직 증명되지 않았다. 이때까지는 그랬다.

위험한 요리사 메리

조지 소퍼는 확신했다. 지금 자신이 맹렬히 뒤쫓는 것은 건강 보균자라고. 미국에서 최초로 발견하게 되는 것이라고.

소퍼의 생각이 맞다면, 이 발견은 그에게 출세의 발판이 될 터였다. 소퍼는 의학계와 과학계에서 유명 인사가 될 터였다. 여러 학회의 초청을 받고 그 발견에 관해 강연도 하게 될 터였다. 논문도 쓰게 될 터였다. 그의 이름이 로베르트 코흐처럼 저명한 과학자들과 나란히 의학사에 길이길이 전해질 터였다.

그러려면 먼저 자신의 지론을 뒷받침해 줄 증거부터 모아야 했다. 소퍼는 주소 목록에 있는 집들을 찾는 일부터 시작했다. 메리 맬런이 일했던 도시는 뉴욕주의 머매러넥·뉴욕시·샌즈포인트·오이스터베이·턱시도파크와 메인주의 다크하버였다.

소퍼는 찾아간 집마다 고용주, 가족들, 가사 노동자들까지 모두 면담했다. 결과는 실망스러웠다. 고용주들은 대부분 가사 노동자들의 배경에 관해 아는 것이 별로 없다는 사실만 깨달았을 뿐이다.

"가정주부들이 자기 집에서 일하는 요리사에 관해 아는 게 거의 없더군요. 하물며 몇 달 전, 몇 주 전에 먹은 음식을 기억하지 못하는 거야 더 말할 것도 없지요." 소퍼는 훗날 〈군의관〉*의 독자들에게 이렇게 설명했다.

---

* *Military Surgeon*, 월간 〈군사 의학〉*Military Medicine*의 전신. —역자 주

요리사, 부엌을 지배하다

틀린 단서와 부정확한 기억 들이 소퍼가 듣기에는 음모 같았다. "때로는 사람들이 알면서도 한사코 알려 주는 걸 거부했다. 그 요리사와 관련 있는 가사 노동자들은 절대로 도움을 주지 않았다."고 소퍼는 썼다.

그 위생 공학자를 도우려는 사람이 아무도 없었던 모양이다. 메리와 함께 일했던 가사 노동자들은 두말할 나위가 없었다. 똘똘 뭉친 사이였다. 그들은 왜 메리를 보호하고 나섰을까? 메리를 좋아해서? 처지가 같은 동료에 대한 의리감 때문에? 메리가 두려워서? 아니면 자꾸 기웃거리는 남자를 보는 순간 반감이 생겨서?

소퍼는 마침내 면담을 모두 끝냈다. 면담하면서 적어 둔 글을 살펴보다가, 소퍼는 짜릿한 사실을 발견했다. 목록에 적힌 거의 모든 집에서 장티푸스가 발생했던 것이다. 예외는 단 한 집뿐이었다. "노인 부부가 늙은 가사 노동자 한 명을 두고 사는 집이었어요."라고 소퍼는 어느 의학 단체 모임에서 설명했다.

그 질병은 계층을 가리지 않는다는 사실도 발견했다고 소퍼는 밝혔다. 장티푸스에 걸린 사람들 중에는 고용주도 고용주 가족들도 가사 노동자들도 있었던 것이다. "제가 찾아간 집들은 하나같이 대단한 부잣집이었고 편안한 삶을 누리는 데 익숙한 사람들이었습니다. 가족은 네댓 명이었고, 가사 노동자는 다섯에서 일곱쯤 되었어요. 감염자 가운데 넷은 세탁부, 둘은 정원사였습

위험한 요리사 메리

조지 A. 소퍼 박사. 1899년에 컬럼비아 대학교 광업 대학에서 박사 학위를 받을 당시의 모습.
뉴욕시에 있는 컬럼비아 대학교의 대학 자료실 제공.

니다. 그들은 내내 장티푸스가 발생한 지방에서 붙박이처럼 살았던 사람들이었어요."라고 소퍼는 말했다.

지금껏 발생한 장티푸스 사례들의 경우, 원인이 때에 따라 조금씩 달랐다. 방문객일 때가 있는가 하면, 새로 온 세탁부, 집사, 오염된 물, 오염된 우유일 때도 있었다.

소퍼가 합계한 장티푸스 환자는 워런 가족까지 총 22명이었다. 한집에서 9명이 동시에 발병하는 바람에 병간호조차 제대로 못 한 사례도 있었다. 맨해튼 부촌에 거주하는 변호사 J. 콜먼 드레이튼 씨네 가족이 여름휴가를 지낸 곳에서 생긴 일이었다. 다행히 감염되지 않은 드레이튼 씨가 병간호하는 동안, 함께 갔던 메리가 드레이튼 씨를 힘껏 도와주었다.

"환자들이 다 회복되었을 때 메리가 거들어 준 게 무척 고마워서 급료에 50달러를 얹어 주었다는 말을 드레이튼 씨에게 들었다."고 소퍼는 훗날 〈뉴욕 의학 아카데미 회보〉에 실린 글에 썼다.

드레이튼 씨는 왜 감염되지 않았을까? 소퍼에 따르면, 어렸을 때 장티푸스에 걸린 적이 있어서 자연스럽게 면역이 생겼기 때문이다. 노인 부부와 그 집 가사 노동자도 마찬가지일 가능성이 있었다.

희한하게도 메리는 어김없이 감염을 면했고, 장티푸스가 발생한 직후에 그 집을 떠났다. "여태껏 그 여자는 단 한 번도 의심받은 적이 없었어요."라고 소퍼는 말했다.

위험한 요리사 메리

지금까지는 그랬다.

마침내 소퍼는 메리의 행방을 알아냈다. 파크로 688번지에 있는 고풍스럽고 현관 계단이 높은 월터 바운* 씨네 집에서 요리사로 일하고 있었다. 오이스터베이를 떠난 지 몇 주 만에 일을 시작한 곳이었다.

그러나 너무 늦었다. 메리의 행방은 찾았으나, 이미 바운 부부의 25세 된 딸 에피와 세탁부 한 명이 장티푸스에 걸린 뒤였다. "그 집안의 사랑스러운 무남독녀가 장티푸스로 죽어 가고 있었어요."라고 소퍼는 말했다.

이제 감염자 수는, 끝내 사망하게 되는 바운 부부의 딸을 포함하여 총 24명으로 늘었다. "나는 이 사건에 막중한 책임을 느꼈습니다. 메리는 적당한 조건이 형성되면, 대규모 전염병의 불씨가 될 수 있습니다."라고 소퍼는 훗날 말했다.

그 요리사를 직접 만나야겠다고 결심한 소퍼는 바운 씨네 부엌으로 메리를 불쑥 찾아갔다. 장티푸스균에 감염되었다는 사실을 알고 나면, 기꺼이 의사의 도움을 받을 것이라고 소퍼는 확신했다.

훗날 소퍼는 이렇게 썼다. "나는 되도록 불쾌감을 주지 않으

---

* Walter Bowne. 소퍼는 여러 논문과 책에서, '바운'을 '보언'Bowen으로 잘못 표기하는 실수를 되풀이했다. —저자 주

요리사, 부엌을 지배하다

려고 애쓰며 조심스럽게 말했다. 아무리 그래도 그 여자가 사람들에게 병을 옮기는 것으로 의심된다는 말만은 해야 했다."

그때 소퍼가 정확히 어떤 표현을 썼는지는 알 길이 없다. 지나치게 직설적으로 말했을 수도 있다. 아닌 게 아니라 소퍼는 훗날 〈뉴욕 의학 아카데미 회보〉에 실린 글에서 그 면담을 망쳤다고 시인했다. "나는 시작을 잘못했다."라고 썼던 것이다. 결국 소퍼 때문에 메리가 방어적인 자세를 취하고 분노했는지도 모른다.

메리는 '세균론'이라는 용어를 알았을까. 코흐의 공리며, '건강 보균자'가 무엇인지 들어 본 적이 있을까. 맨눈에는 보이지 않는 미생물이 질병을 일으킬 수 있다는 사실을 이해했을까.

모르면 몰라도 소퍼의 말이 메리에게는 터무니없게 들렸을 것이다. 건강한 사람이 어떻게 다른 사람에게 병을 옮길 수 있다는 말인지 의아했을 것이다. 소퍼의 의심은 틀림없이 메리의 자존심을 단단히 건드렸을 것이다. 메리는 자기 일에 대한 자부심이 대단했다. 부엌도, 자기 몸도 늘 청결하게 건사했다고 믿었을 터였다.

메리가 보인 반응에 소퍼는 충격을 받았다. 소퍼처럼 걱정하기는커녕 메리는 도리어 화를 냈다. 장티푸스에 걸린 적이 절대로 없다고 잘라 말했다. 아픈 적도 없을뿐더러 주변에 아픈 사람이 생기면 그 끔찍한 병을 이겨 내도록 돌봐 주었다고도 했다.

조지 소퍼도 물러서지 않았다. "내 질문에 대답하고 표본들을

위험한 요리사 메리

주면, 필요할 경우 훌륭한 진료를 받을 수 있도록 알아봐 주겠다고, 진료비는 전혀 내지 않아도 된다고 말했어요."

표본이라니, 무슨 표본을 말하는 것이냐고, 메리는 물었을 게 분명했다.

소퍼는 소변, 대변, 혈액 표본이 필요하다고 대답했을 터였다. 메리는 별 희한한 소리를 다 듣는다고 생각했을 것이다. 너무나 내밀하고 너무나 치욕스러운 요구라고.

요리사가 부엌을 지배한다는 그 오래된 격언을 소퍼는 깜박했다. 메리의 얼굴에 분노가 번지는 것도 알아채지 못했다. 조리대에 놓여 있는, 날이 길고 예리한 요리용 포크도 미처 발견하지 못했다.

그러나 메리 눈에는 보였다. 그 요리용 포크를 움켜쥐고 욕설을 내뱉으며 메리는 소퍼에게 달려들었다.

"아무래도 자신을 돕고자 하는 내 마음을 이해하지 못한 것 같더군요."라고 소퍼는 훗날 말했다.

소퍼는 부엌에서 뛰쳐나갔다.

요리사, 부엌을 지배하다

# ⚔ 6장 ⚔

메리는
여자가 아니라
남자처럼 걷는다

Terrible Typhoid Mary

조지 소퍼는 내처 도망쳤다. 지하실 문을 벗어나고 높다란 철제 정문을 빠져나와 큰길에 닿을 때까지 줄달음질 쳤다. 그때 일을 설명하는 자리에서는, "도망쳐 나온 것이 천만다행이었어요."라고만 밝혔다. 메리가 요리용 포크를 들고 쫓아왔는지, 만일 그랬다면 얼마나 멀리 도망쳤는지에 관해서는 언급하지 않았다.

소퍼는 메리보다 나이가 한 살 적고, 몸집은 크지 않았다. 보통 키에 날씬한 체형이었다. 그는 쓸쓸해하면서 메리는 몸집이 거대하고 아주 힘이 센 여자라며 이렇게 덧붙였다. "키가 170센티미터쯤 되고,* 조금만 덜 육중했다면 운동선수라고 해도 될 만큼 체격이 좋더군요. 기운과 끈기를 자랑으로 삼는 여자였습니다." 그뿐 아니라 메리는 "육체적 기능도 정신적 기능도 최고조에 달한 상태"였으며 거친 언어를 썼다고도 했다.

---

* 1907년 당시 여성 평균 신장은 약 162센티미터, 남성 평균 신장은 약 175센티미터였다.
　—저자 주

메리는 여자가 아니라 남자처럼 걷는다

소퍼는 메리의 행동에 충격을 받았다. 아울러 메리에 대한 견해도 확고해졌다. 그의 가치관으로 보건대, 참되거나 올바른 여자라면 메리처럼 행동할 리 없었다.

중류층과 상류층에서는 소퍼와 생각이 같은 사람이 많았을 터였다. 올바른 여자는 "경건하고, 순결하고, 가정적이고, 순종적이어야" 한다는 것이 그 시절의 지배적인 사회 통념이었다.

메리는 그런 여성상에 들어맞지 않았다. 드세고 거칠었다. 성미가 괄괄했다. 욕도 했다. 남자를 위협하기까지 했다.

메리 맬런은 여자보다는 오히려 남자에 가까운 사람이라고 결론지은 소퍼는 이렇게 설명했다. "걸음걸이 못지않게 특이한 건 마음씨였어요. 그 두 가지, 즉 그 여자의 걸음걸이와 마음씨가 기이하게 교감하고 있었던 겁니다. 그 여자를 아주 잘 안다는 사람들이 그러더군요. 메리는 여자가 아니라 남자처럼 걷는다고 말이죠. 게다가 마음씨도 남성의 특징이 유난히 강했다는 겁니다."

맞다. 메리 맬런은 드센 여자였다. 순종적인 여자가 아니었다. 굳세고 용감했다. 자신을 지키는 일이라면 두려워하지 않고 맞섰다. 몸싸움조차 피하지 않았다. 십대 소녀 때 혼자서 대서양을 건너와, 친척 아줌마네 집에 얹혀산 몸이었다. 그 친척 부부가 사망한 뒤부터, 낯선 대도시에서 자기 힘으로 살아간 몸이었다. 아마도 요리사라는 자리에 오르기까지 힘겨운 가사 노동을 숱하게 했을 것이다.

위험한 요리사 메리

1907년에는 여성상과 결혼에 대한 사회 통념이 엄격했다. 그런 통념의 바탕이 된 것이 이른바 '중류층의 이상'이었다. 그 이상에 따른 여성상은 이러했다.

올바른 여성은 결혼을 하고 아이를 낳아야 한다. 올바른 여성은 좋은 어머니가 되고 가정의 밑거름이 되어야 한다. 올바른 여성은 바깥일을 해서는 안 된다. 올바른 여성은 남편과 자식들의 요구를 들어주어야 한다. 올바른 여성은 사회의 안녕, 심지어 한 국가의 운명이 자신에게 달려 있음을 알아야 한다.

메리는 이와 같은 이상에 들어맞는 여자가 아니었다. 메리는 결혼하지 않았다. 그 당시 뉴욕에서 살아가던 아일랜드 여성 이민자는 대부분 그랬다. 사실 아일랜드에 사는 메리와 동년배인 여성들도 결혼하지 않은 사람이 절반이 넘었다. 어린 소녀와 미혼 여성에게 이민을 장려하던 시절이었기 때문이다. 요리사로 일하는 메리는 다른 가사 노동자들보다 급료가 높았다. 그렇다고 해도 중류층에 오를 수 있을 만큼 높았을 리는 없다.

메리는 일자리가 필요했다. 돈을 벌어야 했다. 조지 소퍼가 일터로 찾아와서 괴롭히고 생계를 방해하도록 가만둘 수는 없었을 터였다.

✝

조지 소퍼는 그런 사정을 고려하지 않았다. 아니 고려하고도 일

61

메리는 여자가 아니라 남자처럼 걷는다

축했을지도 모른다. 그에게 메리는 분별없는 여자였으므로.

그는 위생 공학자로서, 문제를 해결하고 싶었다. 확실한 사실을 제시하면, 메리도 문제점을 이해하고 자기 뜻에 따라 주리라 여겼다. 그는 훗날 "해결되기를 바라는 마음이 나만큼이나 간절한 사람을 찾았다고 생각했다."고 썼다.

메리의 반응은 너무나 뜻밖이었다. "내가 사실대로 알려 주면 기뻐할 줄 알았다. 그 여자가 협조하면 그녀 자신의 과거를 둘러싼 몇몇 수수께끼를 풀 수 있을 것이라고 생각했다. 우리 둘이 힘을 합쳐 그 사건의 역사를 완벽하게 알아내고, 앞으로 그녀가 접촉하게 될 사람들을 보호할 적절한 대책을 마련하는 것이 내 희망이었다."고 그는 썼다.

소퍼는 보균 상태에 있는 메리를 구해 주고자 했다. 메리가 일하는 가정의 식구들을 보호하기 위한 올바른 위생법을 가르쳐 주고자 했다. 그런 호의를 베푼 자신에게 메리가 고마워할 줄 알았다.

메리가 움켜쥔 요리용 포크의 날카로운 살이 알려 준 것은 정반대였다.

"그때만큼 절망스러웠던 적도 없었습니다." 허탕을 치고 돌아간 다음에 소퍼는 이렇게 말했다.

위험한 요리사 메리

✠

소퍼는 절망했을망정 포기하지 않았다. 여태껏 모은 역학적 증거가 충분한 만큼, 메리가 살인적 질병을 퍼뜨리고 있다는 것을 증명할 자신이 있었다.

그러나 그 시점까지는, 메리 맬런이 일터에서 장티푸스를 일으켰다는 정황만 있었을 뿐이다. 장티푸스 발생지에서 일했다는 사실이 곧 장티푸스를 일으켰음을 증명해 주는 것은 아니었다. 우연의 일치일 수도 있었기 때문이다. 메리 자신은 감염 증상이 없었다는 사실 역시 증거가 되지 못했다. 장티푸스 발생 직후에 일터를 옮겼다는 사실도 마찬가지였다.

그런데도 자신이 수집한 정보와 메리가 보인 행동을 근거로, 소퍼는 메리 맬런이 '공중 보건을 해칠 존재'라고 확신했다. 간접적인 성격을 띤 정황 증거뿐인데도 단념하지 않았다.

"사실상, 저에게는 메리가 장티푸스균의 근거지라는 사실을 증명할 표본은 필요하지 않았어요. 제가 수집한 역학적 증거가 이미 증명해 주었으니까요."라고 그는 말했다.

소퍼의 판단은 틀렸다. 표본이야말로 그에게 필요한 것이었다. 과학자나 통계학자라면 누구나 알듯이, 상관관계가 곧 인과관계를 뜻하지는 않는다. 지금까지 소퍼가 발견한 것은 여러 유형 중 하나, 즉 메리가 장티푸스 발생 현장에 있었던 사례들을 모아 둔 것밖에 없었다.

메리는 여자가 아니라 남자처럼 걷는다

그러나 소퍼에게는 메리에게 강제로 명령할 권한이 없었다. 어떤 위생 공학자에게도 그런 강제권은 주어지지 않았다. 그것은 오직 '뉴욕시 보건 위원회'라는 강력한 정부 기관만 행사할 수 있는 권한이었다.

그래서 의문이 생긴다. 만약 소퍼가 자신이 수집한 역학적 증거를 확신했다면, 왜 즉각 보건 당국에 신고하지 않았을까? 어쩌면 보건 위원들이 조치를 취하도록 설득하려면 메리가 장티푸스 발생 사례들과 연관이 있다는 직접 증거, 즉 표본이 필요했기 때문일지 모른다. 어쩌면 미국 최초의 건강 보균자를 발견한 공로를 나눠 갖고 싶지 않았기 때문일지 모른다.

그 이유가 무엇인지 소퍼 본인은 밝힌 적이 없다. 아무튼 소퍼는 단독으로 행동하기로 결심했다. 바운 씨네 부엌에서는 실패했어도, 다른 곳에서는 메리가 기꺼이 자신의 요구에 응해 줄 거라는 희망을 버리지 않았다.

✝

조지 소퍼는 또다시 탐정처럼 조사 작업에 나섰다. "하루 일을 마치고 나면 메리가 일상처럼, 33번가 지하철역 못미처에 있는 3번로의 어느 임대 아파트에 간다는 것을 알아냈습니다."라고 소퍼는 자세히 설명했다.

그곳을 어떻게 알아냈는지에 관해서는 소퍼가 언급한 바 없

위험한 요리사 메리

다. 파크로에 있는 바운 씨네 집 앞에서부터 서른아홉 블록을 지나 그 임대 아파트에 도착할 때까지 메리를 뒤밟았을 가능성이 있다. 어쩌면 3번로 위쪽에 설치된 고가철도 밑에서 건물 안으로 들어가는 메리를 몰래 지켜보았을지 모른다.

메리를 수상쩍게 여긴 소퍼는 그 동네를 기웃거리며 이웃 주민들에게 물어보았다. 그 결과 오거스트 브레이호프라는 실직한 경찰관이 임대 아파트 꼭대기 층에 살고, 메리가 저녁거리를 들고 자주 찾아왔다는 것을 알아냈다. 일터에서 남은 음식을 챙겨왔을 가능성이 컸다.

소퍼는 메리가 그곳에 드나드는 것을 마뜩잖게 여겼다. "그 여자는 꼭대기 층에 있는 방에서 한심스러운 남자와 저녁 시간을 함께 보냈다. 그 작자는 한창 일할 시간에 후미진 술집에 죽치고 있었다."고 그는 썼다.

메리가 일터에 있는 동안, 소퍼는 브레이호프와 가까워졌다. 어쩌면 술집에서 메리의 친구에게 한두 잔쯤 샀을지 모른다. 어쩌면 브레이호프가 술에 잔뜩 취할 때까지 기다렸을지 모른다. 아무튼, 소퍼는 방을 보여 달라고 메리의 친구를 구슬렸다.

이윽고 소퍼는 브레이호프를 따라 임대 아파트 꼭대기 층으로 올라갔다. 브레이호프가 문을 열었을 때, 방 안을 들여다본 소퍼는 역겨움을 느꼈다. "두 번 다시 보고 싶지 않은 방이었다. 돼지우리가 따로 없었다."고 소퍼는 썼다.

메리는 여자가 아니라 남자처럼 걷는다

오거스트 브레이호프에 관한 정보는 별로 없다. 1903년부터 1908년까지 뉴욕 시청 명부의 직업란에는 경찰관으로 적혀 있다. 인구 조사국 기록에 따르면 1856년에 맨해튼에서 태어났다. 소퍼가 만났을 때는 51세였던 것으로 보인다.

소퍼의 글들에 따르면, 브레이호프는 실직 상태였고, 허름한 임대 아파트에 살았으며, 대부분의 시간을 술을 마시며 보냈다. 이 세상에 친구라고는 메리 맬런 한 명과 덩치 큰 얼룩무늬 개 한 마리뿐이었다. 그리고 심장 질환을 앓았다.

최근 역사학자들은 흠이 많은 남자였음에도, 메리가 브레이호프를 사랑한 것이 틀림없다고 어림짐작한다. 그 근거로 저녁거리를 가져다주었다는 점, 그 남자의 개를 예뻐했다는 점, 허구한 날 술독에 빠져 지내고 일은 하지 않은 것을 눈감아 주었다는 점을 든다.

소퍼가 언급한 내용은 메리가 그 남자와 저녁 시간을 함께 보냈다는 것밖에 없다. 그런데도 어떤 이들은 메리가 브레이호프와 동거했다고 주장한다. 메리가 방세와 술값을 대 주었을 거라고 넘겨짚는 이들도 있다.

소퍼의 설명을 통해 엿볼 수 있는 사실은 메리가 브레이호프와 우정을 쌓았고, 그 남자의 개까지 예뻐한 메리에게 소퍼가 역겨움을 느꼈다는 것 정도이다.

메리 맬런이 식사를 챙겨 준 브레이호프는 왜 장티푸스에 걸

위험한 요리사 메리

리지 않았던 것일까. 소퍼가 이 문제에 관해 헤아려 본 흔적은 없다. 어쩌면 브레이호프도, 메리의 예전 고용주인 J. 콜먼 드레이튼과 마찬가지일지 모른다. 장티푸스에 걸렸다가 회복된 이후로 자연스럽게 면역이 생겼을 가능성은 있다.

메리가 일을 마치고 돌아올 때까지 기다리고 있을 테니 모른 척해 달라고 소퍼는 브레이호프를 구슬렸다. 무슨 말로, 무엇으로 구슬렸는지는 알 길이 없다. 어쩌면 브레이호프가 만취 상태였을지 모른다. 어쩌면 브레이호프에게 몇 달러쯤 찔러주었을지 모른다. 어쩌면 소퍼가 자기 의도를 솔직하게 밝히지 않았을지도 모른다. 아무튼, 두 남자는 약속 시간을 정했다. 그러고 나서 소퍼는 떠났다.

소퍼는 다짐했다. 이번에는 잘해 보겠노라고. 참을성 있게 메리를 대하겠노라고. 더 좋은 말로 더 조심스럽게 말하겠노라고. 눈치코치를 힘껏 발휘해 보겠노라고. 말할 내용을 미리 정리해서 연습하겠노라고.

"그 여자가 내 뜻을 잘 이해하도록 확실하게 전달하고 싶었습니다. 해코지할 마음이 전혀 없다는 사실도 말이죠."라고 소퍼는 말했다.

그러나 소퍼는 메리 맬런을 혼자서 대면하지 않을 작정이었다. 동료 한 사람을 데려갈 셈이었다.

메리는 여자가 아니라 남자처럼 걷는다

7장

비상 권한을
임의로 집행하다

Terrible Typhoid Mary

조지 소퍼는 약속한 시간에 브레이호프의 방문 밖에 서 있었다. 친구이자 동료이면서 의학 박사인 버트 후블러와 함께였다. 두 남자는 불빛이 흐릿한 복도에서 메리가 일터에서 돌아오기를 기다렸다.

그때 브레이호프는 어디에 있었을까. 즐겨 찾는 모퉁이 술집에서 곤드레만드레 취해 있었을까. 아니면 자신이 메리를 배신했다는 사실을 깨닫고 방 안에서 웅크리고 있었을까.

드디어 임대 아파트 출입문이 삐걱 열렸다 닫혔다. 통굽 구두를 신은 메리의 발소리가 복도 계단까지 들렸다. 열네 시간이 넘도록 서서 일하다 왔으니 틀림없이 지쳤을 터였다. 어쩌면 돈을 아끼지 않고 차표를 사서 말이 끄는 택시나 고가열차를 타고 왔을지 모른다. 아무래도 서른아홉 블록을 내처 걸어왔을 가능성이 가장 컸다.

계단통 끄트머리를 돌아서 꼭대기 층 복도에 올라선 순간, 메리는 두 남자와 맞닥뜨렸다. 메리는 소퍼를 한눈에 알아보았다.

"전혀 예상치 못한 곳에서 나를 보고는 메리가 화를 내더군요." 소퍼는 훗날 이렇게 시인했다.

초조했던 것일까. 소퍼는 선뜻 말을 걸지 못했다. 그 대신 미리 작성해서 연습한 대로 연설을 늘어놓았다.

그때 일을 소퍼는 이렇게 회고했다. "우리가 의심하는 점들을 설명했습니다. 검사의 필요성을 강조했어요. 그래야 메리가 생산해 내는 게 거의 확실한, 감염 물질의 근거지를 알아낼 수 있지 않겠느냐고 말이죠." 이를테면 소퍼는 또다시 메리에게 소변, 대변, 혈액의 표본을 요구했던 것이다.

메리는 고래고래 욕설을 퍼부었다. 그러고는 자신은 결단코 장티푸스에 걸린 적이 없다고, 두 남자에게 말했다. 자신은 더할 나위 없이 건강하다고, 그 어떤 질병의 징후도 증상도 없다고. 어느 누구에게든 병을 옮긴 적도 절대로 없다고.

메리의 분노가 점점 커졌다. 자신에게 혐의를 씌우는 사람을 그냥 두지 않을 태세였다. 표본을 내줄 사람이 아니었다. 장티푸스는 이 도시 모든 곳에서 발생했다고 대들었다. 소퍼가 예로 든 사례들은 어느 곳에서나 어떤 사람에게서나 옮아왔을 수도 있다고, 자신이 옮긴 것이 아니라고 했다.

메리의 주장도 일리가 있었다. 뉴욕시 보건국의 발표에 따르면, 1907년도의 장티푸스 발생 사례는 4,476건이고, 그중 740명이 사망했다. 장티푸스가 도시 전체에 만연한 시절이었다. 그런

위험한 요리사 메리

데 왜 하필 메리만 책임을 추궁당해야 했을까?

자신이 장티푸스를 일으키기는커녕 그 환자들이 앓는 내내 병간호를 해 주었다고 메리는 주장했다. 예전 고용주였던 J. 콜먼 드레이튼 변호사 얘기도 들려주었다. 그 고마운 분은 가족들이 병치레하는 동안, 자신과 가족들을 정성껏 돌봐 줘서 고맙다면서 사례금으로 50달러를 주었다고. 그것으로 증명된 것이 아니냐고.

당신은 건강 보균자일 수 있다는 그 말을, 아마도 메리는 이해하지 못했을 것이다. 눈에 보이지도 않는 미생물이 병을 일으킨다니. 겉으로든 느낌으로든 아무런 증상도 없는 건강한 사람이 몸속에 세균을 지닌 채 퍼뜨리고 다닌다니. 그 과학적 사실을 이해하지 못했을 것이다. 아니 받아들이지 못했을 것이다.

메리는 왜 과학과 의사들을 믿지 않았을까? 그 이유는 알 길이 없다. 사회조사* 결과에 따르면, 한 개인의 신뢰 수준은 20대 중반에 결정된다고 한다. 20대 중반 이후에는 바뀔 가능성이 없다는 얘기다. 게다가 사람들에 대한 불신감이 클수록, 타인을 대하는 태도와 행동이 비호의적인 것으로 나타났다고 한다. 어쩌면 메리가 겪은 인생이 과학도, 의사나 권위자도 믿지 말라고 일깨워 주었는지 모른다.

그 당시 세균론은 의학계와 과학계에서 널리 인정받았다. 하

---

* 사회의 현상을 관찰하고 분석하는 일. —역자 주

비상 권한을 임의로 집행하다

지만 반박하는 사람들도 있었다. 한 예로 엘리자베스 블랙웰 박사를 들 수 있다. 1849년에 미국에서 최초로 의학 학위를 받은 여성이었다. 그렇게 유명한 블랙웰 박사도 세균 병인설을 부정했다. 질병의 원인은 부도덕한 행동이지 우연히 접촉한 세균이 아니라고 믿었던 것이다.

각종 질병의 원인은 장기*라고 주장하는 낡은 생각을 가진 사람들도 있었다. 쓰레기더미, 오물, 하수구 등에서 역겨운 냄새를 풍기며 피어오르는 독한 안개나 증기에 쏘이면 병에 걸린다고 믿었던 것이다. 다시 말하면 무엇인가가 나쁜 냄새를 풍기면, 그것이 질병의 원인이 될 수 있다고 믿은 셈이다.

메리 맬런은 오늘날의 많은 미국인과 그다지 다르지 않았다. 요즘은 미국인 다수가 의사를 신뢰한다. 최근에 실시한 갤럽 여론 조사에 따르면 무려 96퍼센트에 이를 정도이다. 그런 반면에 과학자와 과학계에서 얻은 정보를 신뢰하는 사람들은 36퍼센트에 그친다.

미국인의 51퍼센트는 과학자와 과학 정보를 약간 믿는다고 응답했다. 전혀 믿지 않는다고 응답한 사람은 6퍼센트다. 만약 메리가 요즘 사람이었다면, 과학을 믿지 않는다는 6퍼센트에 속하거나, 잘해야 과학을 약간만 믿는다는 51퍼센트에 속했을 것이다.

---

* 瘴氣, miasma, 축축하고 더운 땅에서 생기는 독한 기운. ―역자 주

메리는 조지 소퍼도, 뉴욕시 보건국을 감독하는 보건 위원회도 믿지 않았다. 보건 위원회를 구성하는 위원들은 뉴욕 경찰국장과 보건 전문가들 외에 주로 의사들이었다. 몇몇 위원은 뉴욕 시장이, 나머지는 뉴욕 주지사가 임명했다.

참고로, 오늘날에는 자기 지역의 지방 자치 단체도, 보건 당국도 신뢰하지 않는다는 사람이 79퍼센트나 된다.

심지어 오늘날에도 각종 질병에 관해 낡은, 때로는 그릇되기까지 한 속설을 굳게 믿는 사람들이 있다. 예컨대 추운 날씨에 외투를 입지 않는다고 해서, 발이 젖었다고 해서, 외풍이 심한 방에서 잠을 잤다고 해서 감기나 독감에 걸리는 것은 아니다. (세균이나 바이러스에 접촉했을 때만 걸린다.) 고열이 날 때는 굶어야 하고 감기에 걸렸을 때는 잘 먹어야 하는 것도 아니다. (어느 쪽이든, 감염과 싸워 이기려면 균형 잡힌 식사로 영양분을 섭취해야 한다.) 비타민C로는 '보통 감기'를 치료하지 못한다. (그러나 비타민C는 중요한 항산화제로, 일상적인 활동으로 손상된 세포의 재생을 돕는 물질이다.) 마늘과 양파가 독감을 막아 주거나 낫게 하지는 않는다. (그러나 그 두 가지를 먹으면 입 냄새 때문에 친구들이나 가족이 가까이 못 오게 하는 효과는 낼 수 있겠다.) 전염성 질병에 감염되고 퍼뜨리는 걸 막을 수 있는 최선책은 정확한 의학 지식을 갖추고, 예방접종을 받고, 적절한 예방 조치를 취하고, 바람직한 개인위생 습관 및 공중위생 수칙을 실천하는 것

비상 권한을 임의로 집행하다

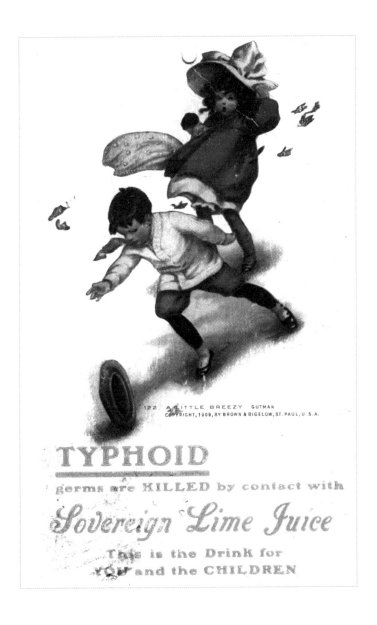

1909년에 제작한 광고지. 장티푸스의 전염성에 대한 두려움을 시민들에게 일깨우기 위해 대문자로 강조하고 있다. 실제로 장티푸스균은 피해자에게 내려앉을 때를 기다리며 공중을 떠다니지 않는다. 라임 주스로 장티푸스균을 죽이지도 못한다. 미국 국립 의학 도서관 제공.

이다.

복도에서 노발대발하는 메리를 보면서 소퍼는 지레 포기했다. 저토록 감정적이고 분별없는 여자를 이성적으로 설득해 봤자 소용없겠다고 결론지었던 것이다. 두 남자는 몇 걸음 물러섰다가, 도망치듯 계단을 내려왔다. 메리는 그들이 계단을 다 내려갈 때까지 욕설을 퍼부어 댔고, '빗발치는 총알과도 같은 저주'를 쏟아부었다.

"면담을 중단하고 거리로 빠져나올 수 있어서 다행이었다. 우리 둘 다 생각이 같았다. 또다시 면담을 시도하는 것은 부질없는 짓이라고 판단했다." 소퍼는 이렇게 회고했다.

메리는 그 사건을 입 밖에 낸 적이 없었다. 메리가 자신을 배신한 브레이호프를 대면했을 때 무슨 일이 생겼는지 상상하는 건 우리 몫으로 남겨졌다.

✛

조지 소퍼는 도망치듯 임대 아파트를 빠져나왔다. 그 사이 메리 맬런이 분별없는 여자라는 확신을 더더욱 굳혔다.

그는 두 번이나 메리를 직접 만나 보았다. 메리가 처한 상황이며, 다른 사람들을 보호해야 할 메리의 책임에 관해 설명할 만큼 했다. 과학 발전을 바라는 마음으로 간곡히 부탁했고, 인도주의 차원에서 배려해 주었다. 그런데 너무나 감정적이고 분별력

비상 권한을 임의로 집행하다

없는 메리가 호의를 뿌리쳤던 것이다. 그런 여자에게는 과학의 혜택을 베풀고 인간다운 삶을 보장하는 것이 무의미하다고 소퍼는 결론지었다.

✠

그 이후로도 메리는 바운 씨네 집에서 계속 요리사로 일했다. 기간은 정확히 모른다. 그러나 메리가 해고되지 않았다는 사실에서 몇 가지 의문이 생긴다. 바운 부부는 소퍼가 메리를 의심하고 있다는 사실을 알았을까? 만약 알았다면, 왜 메리를 계속 고용했던 것일까? 메리를 좋아하고 신뢰한 나머지, 건강 보균자라는 말을 믿지 않았던 것일까? 그럴 수도 있을까? 그 건강 보균자가 실제로 자기네 딸에게 장티푸스를 옮겼을 가능성이 높은데도?

그러던 어느 날, 메리가 바운 씨네 요리사를 그만둘 예정이라고 누군가가 소퍼에게 알려 주었다. 그 사람이 누구였는지는 모른다.

소퍼는 바짝 긴장했다. 만약 거기서 그만두고 나면, 아주 불가능하지는 않더라도, 메리를 찾기가 여간 어렵지 않을 터였다. 메리 맬런 같은 여자를 자유롭게 돌아다니도록 놓아둔다? 그것은 있을 수 없는 일이었다. 메리가 뉴욕시에 가져올 어마어마한 위험이 불쑥 머릿속에 떠올랐다. 분명코 촌각을 다투는 문제였다. 사람 목숨이 걸린 문제였다.

위험한 요리사 메리

그 전염병 퇴치사는 부랴부랴 뉴욕시 보건국을 찾아갔다. 그리고 보건 위원 두 사람을 만났다. 보건 국장을 맡고 있는 토머스 달링턴 박사와 내과 질환 담당관인 허먼 비그스 박사였다.

그 두 사람과 비공개로 만난 자리에서, 소퍼는 문제의 요리사가 뉴욕시 전역에 살인 세균을 퍼뜨리고 다니는 '최후의 날' 시나리오를 생생하게 펼쳐 보였다. 설득력 있는 창작 시나리오였다. 메리라는 여자는 비인간화되었다느니, 위험한 기계로 변했다느니 하는 말들을 서슴없이 늘어놓았다. 메리를 가리켜 '살아 있는 세균 배양관', '만성적 장티푸스균 생산자'라고 부르기까지 했다.

소퍼는 훗날 그 만남에 관해 이렇게 설명했다. "그 여자가 공동체에 해를 끼칠 존재라는 사실이 입증되었다고 말했습니다. 합리적이고 평화로운 방법으로 그 여자를 다루는 건 불가능하다고도 했어요."

치명적인 요리사로부터 시민들을 보호하려면, 보건국에서 그 요리사를 구금하고 소변, 대변, 혈액의 세균 검사를 실시해야 한다는 의견도 냈다고 했다.

힘이 세고 성미가 드센 메리를 떠올리며, 비그스에게 이런 주의까지 주었다고 했다. "보건국에서 정말로 그 여자를 검사할 뜻이 있다면, 반드시 경찰력을 동원할 준비를 해 두어야 합니다. 그것도 한두 명으로는 안 됩니다."

비상 권한을 임의로 집행하다

소퍼의 권유대로 메리를 체포하면 문제가 생긴다. 메리의 시민권을 침해하게 되는 것이다.

이때까지도 메리에게 불리한 것은 기껏해야 정황 증거뿐이었다. 메리는 아픈 사람으로 보이지 않았다. 사실 겉모습만 보면 건강한 사람 같았다. 범죄를 저지른 적도 없었다. 법을 한 번도 어기지 않았다. 열심히 일하면서 살아가는 합법적 시민이었다. 검사에 동의하지 않았다는 이유만으로, 보건 당국이 메리 맬런을 구금할 권한이 있었을까? 검사에 응하도록 강제력을 행사할 권한이 있었을까? 시민으로서 마땅히 보장받아야 할 메리의 권리는?

모든 시민은 법으로 보호받을 권리가 있고, 그 권리는 27개 조로 이루어진 미국 수정 헌법에 명시되어 있다. 그중 제1조부터 제10조까지를 하나로 묶어 권리장전이라고 부른다. 1791년에 비준된 이 권리장전은 개인의 자유권을 보장하기 위해 만들어진 법이다.

수정 헌법 제4조는 부당한 수색과 압수에 맞서 자신의 신체, 가택, 서류, 동산動産을 안전하게 지킬 개인의 권리를 보장한다. 수색이나 압수를 할 때는 반드시 '상당한 근거' 또는 이유를 제시해야 한다. 근거가 정당하다고 인정될 경우, 판사는 체포 영장을 발부한다. 이때 판사는, 예외가 적용되지 않는 한, 수색할 장소와 체포할 사람 및 압수할 물품을 반드시 밝혀 적어야 한다. 영장이

위험한 요리사 메리

발부되지 않은 경우에는, 일반적으로, 환자의 동의 없이 혈액 표본 또는 다른 신체검사용 표본을 제출하도록 강제할 수 없다.

범죄 혐의를 받고 있는 사람일지라도 적법한 절차에 따라 조사받을 권리 또는 공평한 대우를 받을 권리가 있다. 수정 헌법 제5조와 제14조, 이 두 개 조항은 바로 그런 권리를 보장한다. 제5조에는 어떠한 개인도 사법 제도를 통한 "적법 절차를 따르지 않고서는 생명, 자유, 재산을 박탈당해서는 안 된다."고 명시되어 있다.

수정 헌법 제14조는 적법 절차에 따라 보호받을 권리를 강화하는 데서 그치지 않고 "어떤 주州도 미국 시민의 특권을 박탈하는 법을 제정하거나 시행하지 못하도록" 규정하고 있다. 이를테면 모든 시민은 누구든지 동등하게 법의 보호를 보장받고 있는 것이다.

그러나 개인의 시민권과 법적 권리는 절대적 가치가 아니다. 하물며 공중 보건을 지키는 문제라면 두말할 나위도 없다. 오늘날 각 주법과 지방 자치 단체의 법률은 연방법을 근거로 삼아 제정하며, 저마다 다를 수 있다. 그 모든 법률은 각 의료 기관 및 의료 종사자에게 특정 감염병이 발생할 경우 해당 지역 보건소 및 주 보건국에 신고하는 것을 의무화하고 있다. 또한 되도록 조지아주 애틀랜타에 있는 연방 정부 기관인 '질병 통제 예방 센터'에 신고할 것을 권장한다.

비상 권한을 임의로 집행하다

신고 의무 질병은 100여 종에 이른다. 감염이 의심되는 사람들은 대개 의사의 지시에 순순히 따른다. 아주 드물게, 의사의 지시를 거부하는 감염자도 있다. 그럴 경우 공중 보건 담당관이 검사와 치료를 받도록 요구할 수 있다. 그때에도 공중 보건 담당관은 법률 규정을 지켜야 한다. 반드시 개인의 법적 권리를 존중해야 한다. 그것은 곧 공중 보건 담당관도 법의 테두리 안에서 일해야 하며, 법률 집행관 및 법원과 함께해야 한다는 뜻이다. 질병에 걸린 사람도 공정하게 대해야 한다는 뜻이기도 하다.

그러나 1907년에는 상황이 달랐다. 뉴욕시 보건국은 위원회를 두었는데, 의사들로 구성된 그 위원회가 '입법권, 사법권, 행정권'을 모두 갖고 있었다. 그처럼 절대 권력이 주어진 보건 위원회는 법을 새로 만들고, 가결하고, 시행할 수 있었다.

몇 년 뒤, 비그스 박사는 뉴욕시 보건 위원회가 휘두른 권한은 유례없는 것이었다고 시인했다. "그와 같은 비상 권한에 재량권까지 보건 위원회의 손아귀에 쥐여 준 보건 위생 당국은 세상 어디에도 없었다고 생각합니다."라고 국제 학술 대회에서 밝혔던 것이다.

그처럼 막강한 권한을 휘두른 보건 위원회였지만, 건강해 보이는 사람을 체포한 적은 일찍이 없었다.

비그스 박사는 소퍼의 말을 귀담아들었다. 공중 보건을 지키려면 메리에게 검사를 받도록 해야 한다는 소퍼와 뜻을 같이했

위험한 요리사 메리

다. 그런 결정을 하는 데 근거로 삼은 것이 '대뉴욕 헌장'이었다. 이 조례의 조항에 따라 보건 위원회에 메리를 구금할 권한이 있다고 보았던 것이다. 메리를 구금하는 것이 보건 위원회의 의무라고까지 믿었다. '대뉴욕 헌장' 1169조는 다음과 같이 명시해 놓았다.

> 위 보건 위원회의 임무는 인간다운 삶의 유지 혹은 보건 위생의 관리·증진·보호를 위하여 실행 가능한 법률의 집행을 지원하고, 해당 지역에 적용할 수 있는 우리 주의 모든 법률을 시행하는 것이다. 그런즉 동 위원회는 이 조항에서 부과한 의무의 이행을 가능하게 하는, 위 법률에 따라 부여된 권한을 행사할 수 있다. ……보건 위원회는 질병 혹은 생명이나 보건 위생에 대한 위험성의 존재 여부 및 원인을 확인하고, 도시 전역에서 동일 문제의 발생을 방지하기 위하여, 모든 합당한 수단을 사용하여야 한다.

그럼에도 비그스 박사는 경찰력을 동원하는 것은 내키지 않았다. 되도록 평화로운 방법으로 표본들을 받아 내고 싶었다. 혹시 여성이라면 메리 맬런에게 표본을 받아 낼 가능성이 훨씬 클지 모른다고 판단했다.

비그스 박사는 마침 그 일에 적합한 여성도 알고 있었다.

비상 권한을 임의로 집행하다

# 8장

## 우리에 갇힌
## 사자처럼 싸우다

Terrible Typhoid Mary

보건 위원회의 누구도 체구가 작은 그 여성에게 메리가 힘겨운 상대일 것이라는 사실을 알려 주지 않았다. 비그스 박사도, 소퍼도, 직속상관인 월터 벤셀 박사조차도 마찬가지였다. 메리의 성정과 기질에 관해 입을 꾹 다물었다.

S. 조지핀 베이커S. Josephine Baker 박사는 자서전에서 이렇게 썼다. "소퍼 박사는 메리가 말썽을 일으키지 않을까 우려했다. 그럴 만한 이유가 있다는 것을 나는 나중에야 알았다. 그때는 아무것도 알지 못했다."

1907년 3월 18일 월요일, 베이커 박사는 파크로 688번지에 있는 바운 씨네 타운하우스로 향했다. 소퍼가 메리를 처음 대면했던 바로 그 집이었다. 그때까지만 해도 평소처럼 혈액, 대변, 소변의 표본을 채취하러 가는 줄 알았다.

모르면 몰라도 베이커 박사는 이번 일을 하면서 남다른 감정을 느꼈을 것이다. 본인이 16세 때 장티푸스로 아버지를 여읜 까닭이다. 그때 장티푸스의 원인은 오염된 물이었다. 베이커 박사

우리에 갇힌 사자처럼 싸우다

는 장티푸스의 무서운 위력과 유족에게 남긴 영향을 몸소 겪은 피해자였던 셈이다.

그런 상실과 피해를 겪은 개인사 때문에, 베이커 박사는 배서 대학Vassar College의 장학금 혜택까지 포기하고 의학도의 길을 택했다. 그리고 마침내 1898년에 뉴욕 병원 여자 의과 대학을 졸업했다.

1907년 당시 뉴욕시에는 여성 의사가 몇 명뿐이었고 그중 한 명이 베이커 박사였다. 의과 대학을 졸업하고 나서 사립병원 의사가 되는 대신 뉴욕시 보건국에서 순회 검사관으로 일했다. 그러다 보니 로어이스트사이드의 빈민가에 가게 되었고, 그곳에서 자주 일하다 보니 임대용 공동주택에 사는 가난한 어머니들이나 아이들과 가까워졌다.

베이커 박사는 부유한 집안에서 태어났으나, 빈민들의 보건 증진에 평생을 바쳤다. 박사는 빈곤과 건강 불량의 상관성을 이해했다. 가난한 사람들이 적정한 영양식, 안전하고 위생적인 주택, 의료에 접근할 기회는 부자들과 똑같지 않았다. 생활환경이 열악한 탓에 전염성 질병에 걸릴 위험 요소들이 늘어났다.

1907년에야 뉴욕시는 거리 청소 및 정기적인 쓰레기 수거, 상하수도 공공사업을 시작했다. 주거 환경 개선을 위한 임대 주택법* 개정안은 일찌감치 가결되었다. 그 개정법은 새로 짓는 임대 주택의 화재 대피 시설 마련, 환기 장치 개선, 일조권 보장을

위험한 요리사 메리

의무화했다.

이와 같은 중요한 개선 사업으로 질병 발생률이 감소했다. 그러나 빈곤의 이유를 이해하고 해결하려는 노력은 기울이지 않았다. 수많은 사람이 여전히 끔찍한 환경에서 살아갔다. 특히 임대용 공동주택이 8만 동이 넘는 로어이스트사이드에는, 방 두세 개짜리 비좁은 아파트에서 대가족에 객식구까지 모여 사는 이민자 가정이 많았다.

베이커 박사는 순회 검사관으로서 빈곤이 미치는 영향을 두 눈으로 직접 보았다. 개정법이 시행되는데도, 임대 주택 지역은 과밀 현상이 심했고 불결했다. 건강한 식생활과 의료 혜택을 누리지 못하는 가정도 많았다. 그야말로 끼니조차 제대로 잇지 못하는 가정도 더러 있었다.

주로 이민자 가정을 대상으로 일했던 베이커 박사는, 해산을 돕고 어머니들에게 자녀를 돌보는 방법을 일러 주었다. 아울러

---

\* Tenement House Act. 1901년 이전, 의사들은 연간 8,000~9,000명이 결핵으로 사망하며, 그중 대다수가 임대 주택 지역에 거주하는 사람이라고 판단했다. 허먼 비그스를 비롯하여, 뉴욕시의 중진 의사들은 임대 주택 환경 개선을 촉구했다. 그러나 임대인들은 임대 주택법을 격렬히 반대했다. 뉴욕시의 1900년도 사망률은 1,000명에 20.57명이었다. 그때 뉴욕시에는 임대 주택이 8만 2,653동이었다. 1901년 4월 11일에 가결된 개정 임대 주택법에 따라, 임대인들은 그전까지는 합법적이었던 임대 주택들을 개선해야 했다. 자비를 들여 실내 화장실, 방별 창문, 화재 비상 시설, 복도 조명, 채광창을 만들고 지하 방수도 해야 했던 것이다. 임대 주택 신축에 관한 개정법 규정은 훨씬 엄격했다. 방 크기의 최소 기준, 계단 및 현관의 내화 구조, 창문 규격을 법으로 정해 놓았다. 게다가 신축 건물은 건폐율이 70퍼센트를 넘지 못하도록 규정해 놓았다. —저자 주

우리에 갇힌 사자처럼 싸우다

개인위생 교육과 공중위생 개선에도 힘썼다.

업무는 지독히 힘들었다. 베이커 박사는 이렇게 회고했다. "계단을 하염없이 올라가야 했고, 방방이 노크를 해야 했고, 술주정뱅이, 불결하기 짝이 없는 어머니들과 죽어 가는 아기들을 수시로 만났다. 내 인생에서 가장 힘든 육체노동이었다. 허리가 끊어질 듯 아파도, 온몸이 땀에 젖어도, 역겨운 냄새가 코를 찔러도, 좌절을 겪어도 하루가 멀다 하고 발이 아프도록 돌아다녔다."

베이커 박사는 아일랜드 이민자들에 대한 편견이 있었다. 그들은 '게을러빠지고', '아무런 포부도 없고 더럽기 짝이 없는' 사람들이라고 했다. 그런 까닭에 바운 씨네 부엌에서 메리 맬런을 본 순간 깜짝 놀랐을 것이다. 메리는 아일랜드 이민자를 비하하는 베이커 박사의 견해와는 동떨어진 사람이었다. 푸른 면직 원피스를 입고 부엌에 서 있는 여자는 깔끔하고 단정했다. 입매가 야무졌고, 단단히 틀어 올린 머리채는 뒤통수에 붙어 있었다. 베이커 박사는 메리를 가리켜 '자존감이 강한' 여자라고 했다.

어쩌면 메리의 겉모습을 보고 용기가 났는지 모른다. 베이커 박사는 소변과 혈액 표본을 채취하러 왔다고 요령껏 말했다.

메리는 "안 돼요." 이 한마디만 하더니 입을 꾹 다물고는 하던 일을 계속했다.

"그 여자는 설득은커녕 말을 붙일 틈도 주지 않고 잘라 말했다."고 베이커 박사는 썼다.

위험한 요리사 메리

베이커 박사는 메리에 관해 간단명료하게 정리했다. "보나 마나, 그 여자는 무턱대고 겁에 질려서 의사라는 사람들 자체와 의사들이 하는 일을 불신하는 또 다른 사례였습니다. 교육받지 못한 사람들 가운데 그런 사람이 아주 많아요." 그러고 나서 이렇게 덧붙였다. "교육받은 사람들 중에도 물론 그런 사람이 있지요."

훗날 베이커 박사는 메리의 표본을 채취하지 못한 채 부엌을 나서면서 실패자 같은 기분이 들었다고 썼다. 직속상관인 벤셀 박사에게 표본을 채취하지 못했다는 사실을 전화로 보고할 생각을 하니 두려웠다고.

베이커 박사 본인은 실패자처럼 느꼈을지 몰라도 다른 사람들은 아니었다. 강단 있고, 상황 판단이 빠르고, 기발한 사람으로 알았다. 체구가 작은 여성이지만 몸싸움에서도 물러설 줄 몰랐다고 하니, 배짱이 두둑했을 법하다. 베이커 박사는 친구들 사이에서 '닥터 조'*로 통했다고 한다. 그런가 하면 풀을 먹인 셔츠 목깃을 빳빳이 세우고 넥타이까지 맨 남성 정장 차림으로 다니는 베이커 박사를 두고, 직장 동료들은 여성이라는 이유로 무시하지도 거들먹거리지도 않았다고 한다.

10년 전 베이커 박사가 의과 대학을 갓 졸업했을 때의 일화도 있다. 술 취한 남자가 임신한 아내에게 살갗이 벗겨질 정도로

* 조Joe는 조지판의 남성 이름 조지프Joseph의 애칭이다. —역자 주

우리에 갇힌 사자처럼 싸우다

뜨거운 물을 끼얹는 것을 보는 순간, 그자에게 주먹을 날렸다고 한다. 베이커 박사의 말이다. "주먹을 꽉 쥐고 쳤어요. 타이밍이 기막히게 좋았죠. ⋯⋯그자가 뒤로 넘어가면서 꽤 긴 계단의 3분의 1쯤 되는 지점에 부딪혔는데, 그대로 미끄러져서 쿵 소리가 날 만큼 세게 바닥에 떨어졌어요."

그런데도 그 남자가 죽었는지 어쨌는지 확인하지 않았단다. 아무려나 상관없었다고 했다. "그자는 방해만 될 뿐 살 가치가 조금도 없는 인간이었고, 나는 그런 자를 해치우는 데 당장 쓰기 편한 수단을 썼다. 미안하지도 않았다."라고 베이커 박사는 썼다.

하지만 베이커 박사는 이렇게 덧붙였다. "기분이 좋은 것도 아니었다. 그처럼 특수한 일을 하다 보면 으레 겪게 되는 난관 중 일부였을 뿐이다."

그 남자는 계단 발치에 뻗어 있었지만 죽지는 않았다. 베이커 박사에게 얻어맞고 실신했던 것이다. 밖으로 나가려고 건물 출구로 가던 길에, 베이커 박사는 남자의 몸을 질끈 밟고 지나갔다. 그제야 정신이 돌아온 남자는 베이커 박사에게 욕설을 퍼부어 댔다고 한다.

베이커 박사는 벤셀에게 전화로 쩔쩔매며 보고한 뒤, 다음 지시를 기다렸다. 그날 밤 늦게야 전화가 왔다. 다음 날 아침 7시 30분 정각에 67번가와 만나는 파크로 모퉁이에서 대기하라고 했다. 그곳에 가면 구급차 한 대와 경찰관 세 명이 기다리고 있을

위험한 요리사 메리

조지핀 베이커 박사. 1912년에 자동차를 몰고 뉴욕시의 담당 구역을 돌아보는 모습을 찍은 이 사진은 박사의 자서전 『생명을 지키기 위한 싸움』에 실려 있다.

거라는 말도 덧붙였다.

　"우리는 그 집으로 가서 혈액과 소변 표본을 채취하기로 했어요. 만약 메리가 저항하면, 필요할 경우에는 강제로, 윌러드 파커 병원으로 데려갈 계획이었습니다."라고 베이커 박사는 말했다.

　그때까지만 해도 베이커 박사는 몰랐다. 자신과 메리는 강인함과 의지 면에서 엇비슷하다는 사실을. 메리 역시 몸싸움에서 물러서지 않는다는 사실을.

우리에 갇힌 사자처럼 싸우다

✠

그날 밤에 눈이 살짝 내렸다. 날이 밝아, 3월 19일 아침이 되었다. 베이커 박사는 지시를 받은 대로 경찰관 세 명과 함께 눈 덮인 모퉁이에서 기다렸다. 얼마 후 말이 끄는 구급차 한 대가 와서 섰다.

베이커 박사는 경찰관 한 명을 바운 씨네 집 모퉁이에, 한 명을 집 앞에 배치했다. 그러고 나서 나머지 한 명과 함께 가사 노동자들이 사용하는 뒷문 쪽으로 갔다. 그 정도면 도주로를 완벽하게 차단해 놓았다고 생각했다.

베이커 박사는 경찰관의 경호를 받으면서, 부엌문으로 다가가 노크를 했다. 놀라운 일이 벌어졌다. 이미 자신을 발견했던지, 메리는 "결투용 칼처럼 생긴, 날이 기다란 요리용 포크를 잡고" 만반의 준비를 하고 있었다. 그러고는 베이커 박사를 보자마자 포크를 들고 덤벼들었다.

소퍼가 그 포크를 조심하라고 일러 주지 않았던 모양이다. 허를 찔린 베이커 박사가 움찔하면서 쓰러지는 바람에 뒤에 있던 경찰관까지 나동그라지고 말았다.

그 틈을 타서 메리는 번개처럼 부엌을 빠져나갔다.

두 사람이 허겁지겁 일어났지만, 이미 늦었다. "우리가 부엌문 밖으로 나가 보니, 메리는 보이지 않았다. ……감쪽같이 사라졌다."고 베이커 박사는 썼다.

위험한 요리사 메리

친구들 사이에서 남자 이름인 '닥터 조'로 불리던 조지핀 베이커 박사. 1925년 52세 때의 모습. 미국 의회 도서관 제공.

베이커 박사와 경찰관 세 명이 그 집을 샅샅이 수색했지만, 끝내 메리는 찾지 못했다. 가사 노동자들에게 물었지만, 못 보았다는 대답만 들었다.

수색대는 뒷마당으로 갔다. 베이커 박사는 그곳에서 눈 위에 찍힌 발자국을 발견했다. 발자국을 따라가 보니 높은 담장이 나왔다. 의자 하나가 담장에 받쳐져 있었고, 담장 꼭대기에는 눈이 쓸려 나간 데가 있었다. 누군가 올라섰었다는 증거였다.

경찰관들은 옆집을 수색했지만 메리의 흔적을 전혀 찾지 못했다. 가사 노동자들에게 캐물었다. 메리를 보았다는 사람도, 있

우리에 갇힌 사자처럼 싸우다

을 만한 곳을 안다는 사람도 없었다.

"참패였어요." 베이커 박사가 한 말이었다.

베이커 박사는 상관에게 전화를 걸어, 메리가 도주했다는 심각한 소식을 보고했다.

벤셀 박사는 변명 따위에는 아랑곳없다는 듯, "표본들을 가져오거나 메리를 병원으로 데려가기를 기대하겠네."라는 말만 하고, 전화를 끊어 버렸다.

✠

베이커 박사는 추가 파견된 두 명까지 합해 경찰관 다섯 명의 도움을 받으며 두 시간 넘게 수색 작업을 벌였다. "두 집을 구석구석 샅샅이 훑었습니다."라고 베이커 박사는 말했다.

베이커 박사는 낙담한 채 수색 중단을 지시했다. 그러고는 현관문을 나서서 계단을 내려가기 시작했다. 무슨 낯으로 상관을 대할 수 있을지 막막했다.

그들이 인도에 서 있을 때였다. 경찰관 한 명이 베이커 박사의 팔을 툭툭 치고는 현관 계단 밑을 가리켰다. 계단 밑 문 앞에 쓰레기통 여러 개가 쌓여 있었다. 자세히 보니 살짝 접힌 푸른 면직물이 문틈에 끼어 있었다. 메리가 입고 있던 원피스와 똑같은 천이었다.

베이커 박사는 왠지 가슴이 뭉클했다. 가사 노동자들이 메리의 피신을 도왔다는 사실을 깨달았던 것이다. 그런 식으로 가사 노동자들끼리 뭉치는 모습에 감탄하면서, 그것은 '계급 연대의 증거'라고 했다. 자신이 곤란한 처지에 놓였는데도, "그런 의리가 마음에 들었다."고 베이커 박사는 말했다.

수색대가 다 같이 쓰레기통을 치우고 문틈을 비집어 열었다. "메리는 발각되는 순간 몸싸움을 벌이며 욕설을 퍼부어 댔다. 무시무시하게 몸싸움도 욕설도 잘하고 기운이 팔팔한 여자였다."고 베이커 박사는 썼다.

베이커 박사도 뒤지지 않았다. 박사는 메리를 강제로 구급차에 태우라고 경찰관들에게 지시했다.

메리는 발길질을 하고 악다구니를 치면서 죽을힘을 다해 싸웠다. 경찰관 넷이 한꺼번에 달려들어 메리를 들어 올린 채로 구급차에 탔다. 뒤이어 베이커 박사도 올라탔다. 만에 하나라도 도주할세라, 박사는 체구가 작은 몸으로 메리의 몸을 구급차 바닥에 못 박기라도 하듯 가슴팍에 걸터앉았다.

오늘날의 의료인들은 환자를 비인간화하는 언어를 쓰지 못하도록 교육받는다. 그러나 그 시절의 베이커 박사는 이렇게 썼다. "같은 우리 속에 성난 사자와 함께 있는 것이나 다름없었다."

훗날 베이커 박사는 어느 기자에게 이렇게 말한다. "여태까지 내가 가장 힘들게 번 돈은 보건국 직원으로서 메리 맬런을 붙잡으러 갔을 때 받은 월급 100달러였습니다."

우리에 갇힌 사자처럼 싸우다

## 9장

메리의 **그릇된** 행동이
**비운**을 자초하다

맞수를 제대로 만난 격이었다. 메리가 구급차 안에서 발버둥을 치고 악다구니를 부리는 동안에도 말들은 시내를 질주해서 윌러드 파커 병원으로 향했다. 그 격리 병원은 로어이스트사이드의 이스트 16번가와 2번로에 걸쳐 이스트강 강변에 있었다.

메리가 수용된 곳은 격리 병원에서도 본관 건물 외부에 있는 격리 병동이었다. 방 안은 온통 하얀색이었다. 벽도, 천장도, 바닥도 하얬다. 침대도, 자그마한 싱크대도 하얬다. 작은 화장실에 놓여 있는 변기도 하얀색이었다. 메리가 별수 없이 사용하게 될 변기였다.

메리는 하얀색 목욕 가운을 입었다. 입을 것이 그것밖에 없었다. 마치 죄수라도 되는 양, 병원 보조원이 메리의 옷가지를 몰수해 갔기 때문이다. 전화도 편지도 금지당해서 브레이호프에게는 커녕 어느 누구에게도 연락할 길이 없었다.

메리는 여태까지 줄곧 혼자 힘으로 악착같이 살아온 독립심 강한 여자였다. 그런 메리로서는 윌러드 파커 병원에 끌려온 것

메리의 그릇된 행동이 비운을 자초하다

이 엄청난 모욕이었다. 이 병원은 의학생들이 홍역, 천연두, 콜레라, 발진 티푸스, 황열병, 결핵, 장티푸스 따위의 전염성 질병을 공부하는 교육 기관이었다. 그런 질병들에 걸렸을 게 분명한 이 병원 환자들은 뉴욕시에서 가장 빈곤한 지역의 임대 주택 거주자들이었다.

1907년 3월 20일에 체포된 메리를 윌러드 파커 병원으로 싣고 가기 위해, 경찰관 4명이 달라붙어 대기 중인 구급차에 강제로 태우는 광경을 스케치한 그림. <뉴욕 아메리칸> 1909년 6월 30일 자. 뉴욕 공립 도서관 제공.

메리는 어떤 범죄도 저지른 적이 없건만, 납치당했고, 병에 걸린 사람들에 둘러싸여 지냈고, 외부 세계와 차단당했고, 건강 진단을 강요당했다. 이 병원에 얼마 동안이나 붙잡아 둘지 가늠조차 할 수 없었다. 공포를 느꼈을 게 뻔했다.

메리의 구금은 필요한 일이었다고, 소퍼는 설명했다. 그 이유는 보건국에서 "기회만 있으면 도주하려고 기를 쓰는 위험하고 믿을 수 없는 사람"으로 간주했기 때문이라고 했다.

베이커 박사도 전혀 연민을 느끼지 않았다. 그 이유를 이렇게 밝혔다. "만약 내가 갔을 때 표본들을 채취하게 했다면, 평생 동

위험한 요리사 메리

안 자유롭게 살아갈 수 있었을 거예요. 그처럼 피할 수 없는 불행한 운명으로 이끈 것은 다름 아닌 그 여자 자신의 그릇된 행동이었습니다."

더는 버틸 수 없어 메리가 변기를 사용하자, 병원 보조원들이 소변과 대변의 표본을 채취해서 보건국 실험실로 보냈다. 본인의 동의도 법원 명령서도 없이, 혈액 표본도 채취했다.

메리의 표본은 분석을 위해 실험실로 보냈다. 세균학자에게 검사를 맡겨서 장티푸스균이 있는지 확인하려는 것이었다.

조지 소퍼와 보건 당국자들은 검사 결과를 기다렸다.

✠

보건국 실험실에서 세균학자들은 메리의 표본들에서 발견한 세균들을 분리했다. 그런 다음 작고 납작한 페트리접시에서 세균들을 배양했다. 그렇게 키운 세균을 현미경으로 관찰하면서 장티푸스균이 있는지 확인했다.

큰창자는 복잡한 세균 생태계이다. 큰창자는 우리가 먹고 마신 음식물에서 수분과 염분과 영양분 들을 꼭꼭 짜내서 흡수한다. 그러고 나서 남은 찌꺼기는 몸 밖으로 배출하는데, 이것이 바로 대변이다.

그런 일을 해내기 위해서, 큰창자에는 우리가 먹고 마신 것들을 몸이 소화하도록 돕는 무수히 많은 미생물, 곧 이로운 세균이

메리의 그릇된 행동이 비운을 자초하다

득시글거린다. 인간의 대변은 수분 75퍼센트와 고형물 25퍼센트로 이루어져 있다. 건강한 사람의 경우, 대변 속 고형물 중 30퍼센트는 소화를 돕다가 죽은 세균들이다.

콩팥은 소변을 만들어 방광으로 보낸다. 방광에 모인 소변은 살균된 상태라서 건강한 사람의 경우에는 세균이 전혀 없다.

✝

세균학자들이 검사한 결과, 메리의 소변에서는 세균이 전혀 발견되지 않았다. 그러나 대변에 섞여 배출된 세균의 배양물에는 치명적인 장티푸스균이 득시글거리는 것으로 확인되었다. 그것은 메리의 쓸개에서 장티푸스균이 대량 서식했을 가능성이 크다는 뜻이었다.

세균학자들은 검사 보고서를 실험실 실장인 윌리엄 핼록 파크 박사에게 보냈다.

보고서를 읽은 실장은 소퍼에게 전화로 검사 결과를 알려 주었다. 얼굴빛이 발그레하고 치아가 건강하고 푸른 눈동자는 맑고 살결이 뽀얀 겉모습만 보면 건강해 보일지라도, 메리 맬런은 장티푸스 보균자로 드러난 것이다.

소퍼는 결과를 전해 듣고 황홀해했다. 그는 자신이 일찌감치 의심했던 대로 "그 요리사는 살아 있는 배양관이나 다름없었다."고 말했다.

위험한 요리사 메리

메리는 결단코 장티푸스에 걸린 적이 없다고 부인했건만, 실험실 검사 결과로 메리가 장티푸스를 앓은 적이 있었다는 것이 입증된 셈이었다.

메리가 거짓말을 하고 있었을까? 꼭 그렇다고는 볼 수 없다. 너무 어렸을 때 일이라 기억을 못 했을 수도 있다. 아니면 그다지 심하게 앓지 않아서 독감으로 여겼을 수도 있다. 어쩌면 아무도, 심지어 메리 본인조차도 그런 증상이 치명적인 장티푸스의 증상이라는 것을 인식하지 못했을지도 모른다. 어쨌든 인정할 수밖에 없는 사실은, 대단히 기이한 상황이었다는 점이다.

어떤 질병이 습격해 오면, 그 질병을 일으키는 세균과 습격당한 사람의 면역 체계가 싸우기 시작한다. 장티푸스의 경우에는, 장티푸스균이 이기면 환자가 죽고 환자의 면역 체계가 이기면 장티푸스균이 죽는다. 대부분 여기에 속한다. 참고로 메리가 살던 시절에는 그 수치가 97퍼센트였다.

대략 3퍼센트쯤 되는 소수는, 환자가 회복하더라도 치명적인 세균이 몇 달 동안 잠복한다.

대략 1퍼센트 이하에 속하는 극소수는, 무승부로 끝난다. 세균이 이긴 것도 면역 체계가 이긴 것도 아닌 상태가 유지된다. 회복하더라도 평생 장티푸스균을 몸 안에 지닌 채 살아간다.

이런 경우, 장티푸스균은 쓸개에 군집하게 된다. 발병 초기가 지날 때까지는 아무런 증상이 나타나지 않는다. 이 단계에서는

메리의 그릇된 행동이 비운을 자초하다

사실상 모든 면에서 일상생활을 계속한다. 따라서 자신도 장티푸스 환자 못지않게 감염된 상태이며, 자신이 장티푸스균을 배출하고 다니면서 다른 사람들이 감염되게 할지 모른다는 의문을 품을 리 만무하다.

그런 일이 메리에게 실제로 일어났다. 그런데 메리의 사정은 훨씬 특이했다. 메리가 장티푸스에 걸렸다는 것을 애당초 아무도, 심지어 본인조차 모를 만큼 메리의 면역 체계가 장티푸스균을 아주 잘 물리친 것으로 보인다.

조지 소퍼에게 그 발견은 중요한 돌파구였다. 그는 "제 판단으로는, 우리 미국에도 만성적 장티푸스균 전파자의 사례가 있습니다. 독일인들은 **장티푸스 보균자**Typhusbazillenträgerin라고 하죠."라고 말했다.

이제야말로 메리 맬런이 이치를 깨닫고 자신이 품은 원대한 계획에 따라 줄 것이라고, 소퍼는 희망에 부풀었다.

✝

조지 소퍼는 병원으로 메리를 찾아가서 이렇게 말했다. "메리, 당신과 얘기를 나누려고 왔소. 우리 둘이서 당신이 여기서 나갈 수 있는 방법을 알아봅시다."

신문 보도들에 따르면, 그날은 메리가 윌러드 파커 병원에 온 지 며칠*이 지난 뒤였다. 소퍼는 마치 부모님 말을 안 듣는 아이

위험한 요리사 메리

를 꾸짖듯 경고했다. 병원에서 나가고 못 나가고는 메리의 행동에 달렸다면서, "전에 내가 도움을 청했을 때, 당신은 거부했소. 다른 사람들 청도 역시 거부했고."라고 말했다.

베이커 박사와 마찬가지로, 소퍼도 메리가 탓할 사람은 다른 누구도 아닌 메리 본인이라고 여겼다. "그렇게 고집부리지 않았다면 당신은 지금 여기에 있지 않았을 거요. 그러니까 그 비뚤어진 생각을 버리고 이성적으로 판단해요."라고 그는 말했다.

자신이 말하는 동안, 메리가 노려보고 있다는 것을 소퍼도 알아차렸다. 지금까지 메리는 울화가 치미는 일들을 곱씹으며 몇 날 며칠을 보냈다. 소퍼가 찾아왔다고 해서 기분이 좋아진 것도 아닌데 설교까지 늘어놓고 있었다.

메리의 분노가 점점 커지는 것을 보면서 소퍼가 불안감을 느꼈는지는 알 길이 없다. 아마도 병원 보조원들도 가까이 있고 메리가 요리용 포크를 갖고 있을 리도 없을 테니 마음이 놓였을 것이다. 소퍼는 메리를 진정시키려고 애쓰며 말했다. "당신에게 해코지하고 싶은 사람은 아무도 없어요."

그러나 소퍼는 정작 메리에게 신뢰감을 줄 수 있는 말은 한마디도 하지 않았다. 어째서 메리는 그 남자를 당연히 신뢰해야 한단 말인가? 훗날 메리가 편지에 썼던 것처럼, 해코지하려는 사람

---

* 소퍼는 그 기간이 몇 주라고 했지만, 여러 신문은 며칠로 보도했다. —저자 주

메리의 그릇된 행동이 비운을 자초하다

이 아무도 없다면서, 메리는 왜 납치당해야 했는가? 어째서 메리는 자유를 빼앗기고 존엄성을 짓밟힌 채 병실에 갇혀야 했는가?

메리를 설득할 수 있다고 자신한 소퍼는 철저하게 연습해 온 말을 꺼내기 시작했다. "당신은 장티푸스를 일으킨 사례가 단 한 번도 없다고 하지만, 당신이 일으켰다는 걸 나는 알아요. 고의로 그랬다고 생각하는 사람은 아무도 없소. 그러나 고의가 아니었다고 해도 결과는 마찬가지요. 많은 사람이 감염되어서 엄청난 고통을 겪고 있소. 사망자도 몇 명 있고. 당신은 그 문제를 해결하는 데 도움이 될 표본을 주지 않겠다고 거부한 거요. 그래서 체포됐고, 그토록 저항했어도 결국 이곳에 끌려와서 표본을 채취당했고. 그 표본을 검사한 결과가 내가 고발한 내용이 사실임을 증명해 주었소. 이제는 당신이 어떤 잘못을 저질렀는지 똑똑히 알아야 해요. 그래도 인정 못 하겠소?"

소퍼는 계속 몰아붙였다. "당신이 어떻게 병을 옮겼는지 내가 알려 주겠소. 당신이 화장실에 가서 볼일을 보고 나면 몸속에 있던 세균들이 손가락에 옮아 묻고, 그 손으로 요리한 음식물에 옮아 묻는 거요. 그 음식물을 먹은 사람들은 세균까지 삼켜서 감염되는 거고. 만약 당신이 용변을 본 후와 요리를 하기 전에 손을 잘 씻었다면, 이런 문제는 생기지 않았을 거요. 그 손을 제대로 씻기만 했어도 말이오."

소퍼는 상처도 모자라 모욕까지 준 셈이었다. 메리 당신은 불

위험한 요리사 메리

결한 습관을 가진 여자라고, 손도 잘 씻지 않는 여자라고.

메리의 분노가 계속 커지는 것을 알아챘으면서도, 소퍼는 그 세균들이 메리의 쓸개 안에서 자라고 있다고 설명했다. 자기 말이 틀림없다고 힘주어 말하면서, 외과 의사들이 병을 고치면 문제가 해결될 거라고 장담했다. 만약 메리가 자신처럼 이성적이고 합리적으로 판단하기만 하면, 더 나은 사람이 되게끔, 깨끗한 새 사람이 되게끔 도와줄 수 있다고도 했다.

그러고 나서 이렇게 덧붙였다. "그 세균들을 없애는 가장 좋은 방법은 쓸개를 제거하는 겁니다. 맹장이 필요 없듯이 쓸개도 필요하지 않아요. 그것들 없이 살아가는 사람도 많으니까."

맞는 말이다. 쓸개는 작은 기관이다. 주먹만 한 서양배와 비슷하게 생겼다. 복부를 네 부분으로 똑같이 나누었을 때 오른쪽 위에 있다. 다시 말해 간 바로 밑에 있다. 쓸개의 주요 기능은 간이 만들어 내는 쓸개즙을 저장하는 것이다. 사람이 식사를 마치면, 쓸개즙은 작은창자로 이동해서 섭취한 지방을 몸이 분해할 수 있게 돕는다. 이 기능이 중요하긴 해도, 사람은 쓸개가 없어도 살 수 있다. 몸이 알아서 조절하고, 쓰고 남은 쓸개즙은 쓸개관에 저장해 두기 때문이다.

그러나 메리는 잔뜩 겁먹었다. 마침내 보건국의 목적을 알게 되었다고 믿었다. 수술이라고. 자신의 쓸개를 없애는 것이 그들의 목적이라고. 보건국이 자신을 치워 버리려고 한다는 두려움,

메리의 그릇된 행동이 비운을 자초하다

자신을 살해하려고 한다는 두려움을 메리는 훗날 밝히게 된다.

메리가 그런 두려움을 느낀 데는 그 나름의 근거가 있었다. 아일랜드의 역사나 민담에는 해부학 공부와 실습용으로 의사들에게 시신을 팔아넘기는 살인자며 무덤 도굴범 이야기가 나온다. 실제로 악명 높은 2인조 연쇄 살인범도 있었다. 1828년에 아일랜드 태생의 이민자인 윌리엄 버크와 윌리엄 헤어는 스코틀랜드에서 에든버러 의과 대학에 자신들이 살해한 시신을 팔아넘겼다. 그중 윌리엄 버크는 아일랜드 티론주에서 태어난 사람이었고, 메리도 그곳에서 살았었다. 모르면 몰라도 그 이야기를 메리도 들었을 것이다.

소퍼가 말하는 동안, 메리는 잠자코 있었다. 메리가 묵묵히 듣는 것에 용기를 얻은 소퍼는 더욱 밀어붙였다. 자기가 도와주겠다면서 약속까지 했다. "내가 묻는 말에 대답해 주면, 내가 쓸 수 있는 방도를 다 동원해서 여기서 나갈 수 있게 해 주겠소."

이윽고 소퍼는 자신이 메리를 도우려는 목적을 밝혔다. "나는 당신이 생각하는 것보다 많은 일을 할 거요. 당신 사례를 책으로 쓸 작정이오. 물론 실명은 밝히지 않겠소. 당신 신분도 철저히 숨기겠소. 책 수익금은 모두 당신이 받도록 보장해 주고."

몇 년 뒤, 소퍼는 이 제안에 관해 설명했다. "그 책에 담긴 정보는 많은 이들에게 유익할 것입니다. 메리가 상처를 입는 일도 없을 테고요. 결국에는 메리의 사정을 해명하는 데도 보탬이 될

위험한 요리사 메리

수 있어요. 어쨌든 지금으로서는, 메리가 고의로 해코지했다고 비난한 사람이 아무도 없으니까요. 내 계획대로만 된다면, 메리는 자신이 가진 장티푸스균 생산 능력으로부터 자유로워질 것입니다."

소퍼는 메리의 협조가 자신에게 안겨 줄 명성에 관해서는 언급하지 않았다. 미국에서 최초로 건강 보균자를 발견한 사람으로 역사에 길이 남게 될 그 명성에 관해서는.

메리는 그 자리에 서서, 하얀 욕실 가운 자락을 단단히 여몄다. 그 때문에 소퍼는 희망에 부풀었을까? 메리는 과연 협상에 응하겠다는 뜻으로 악수할 준비를 했던 것일까?

일언반구도 없이, 메리는 병실을 가로질러 가서 화장실 문을 열더니 안으로 들어갔다. 그러고는 문을 꽝 닫아 버렸다.

그것으로 메리는 자신의 생각을 밝힌 셈이었다. 그때 일에 관해 소퍼는 이렇게 말했다. "기다릴 필요가 없었습니다. 나와 이야기할 뜻이 없다는 것이 분명했으니까요. 그래서 저도 그대로 자리를 떴어요."

그 위생 공학자는 이번에도 요리사와의 싸움에서 패배하고 말았다.

메리의 그릇된 행동이 비운을 자초하다

# 치욕스러운 별명들이 붙다

메리가 체포된 지 2주쯤 지난 4월 2일에, 〈뉴욕 아메리칸〉은 메리 이야기를 보도했다. 정보 유출자는 아무도 모른다. 신문사 측은 제보자에 관해 '잘 알려진 보건 위원회 위원'이라고만 밝혔다.

틀림없이 신문팔이들은 도시 길거리에서 머리기사의 제목을 외쳐 댔을 것이다. 제목은 '**인간 장티푸스균**'이었다. 틀림없이 무시무시한 이야기를 좋아하는 구독자라면 너도나도 그 신문을 샀을 것이다.

〈뉴욕 아메리칸〉 신문사의 소유주는 신문 발행인을 겸하고 있는 백만장자 윌리엄 랜돌프 허스트였다. 그는 신문 장사 수완이 남달랐다. 그가 발행하는 통속적인 조간신문인 〈뉴욕 아메리칸〉은 1907년 당시 일일 판매 부수가 30만 부나 되었다. 31만 3,000부를 판매한 조지프 퓰리처가 발행하는 〈뉴욕 월드〉에 이어 판매 실적 2위를 차지하는 일간지였다.

허스트와 퓰리처는 기사가 선정적일수록, 극적일수록, 오싹할수록, 혐오스러울수록, 신문이 더 잘 팔린다는 사실을 일찌감

치욕스러운 별명들이 붙다

치 꿰뚫고 있었다. 이처럼 통속적 보도 방식의 언론은 1890년대에 '옐로 저널리즘'(황색 언론)이라는 이름으로 알려졌고, 그 이름이 그대로 굳어졌다.

머지않아 '옐로 저널리즘'은 기삿거리를 과장하고, 왜곡하고, 심지어 기사에 꿰맞춰 사실 정보까지 바꾸는 보도 행태를 가리키게 되었다.

오늘날에도 여전히 이 용어는 선정적이거나 직업윤리에 어긋나거나 부도덕한 언론을 가리키는 말로 쓰인다. 그런 류의 기사는 특정 타블로이드판 대중지나 온라인 매체에는 나올지라도, 대체로 정평 있는 신문에는 실리지 않는다.

윌리엄 랜돌프 허스트가 발행하는 〈뉴욕 아메리칸〉은 아일랜드인 요리사의 구금 이야기를 최초로 보도했다. 조지 소퍼가 그랬듯, 최초로 보도한 기자도 메리를 비인간화했다. 메리를 인간도 기계도 아닌 공포의 대상으로 만들었다. 메리를 가리켜 '인간 장티푸스균'이니 '인간 세균 배양관'이니 '인간 장티푸스 공장'이니 '인간 매개체' 따위로 불렀다.

"그 여자는 장티푸스균의 인간 매개체나 다름없다. 그 여자 몸속에는 장티푸스균이 무수히 많다. 그런데도 인류의 적인 그 미생물들을 여자에게서 제거하려는 내과 의사와 외과 의사 들의 시도가 난관에 부딪혔다."라고 기자는 보도했다.

그 기자는 문제의 요리사 이름을 알아내려고 병원 관계자들

위험한 요리사 메리

과 실랑이를 벌였다. 병원 측에서는 끝내 신분을 알려 주지 않았다. 그러면서도 자신들은 '메리 일버슨'이라는 가명으로 부른다고, 아일랜드계 여자라고, 윌러드 파커 병원이 아니라 벨뷰 병원에 수용되어 있다고 귀띔해 주었다.

해당 기사를 보도한 기자는 메리의 상황을 과장했다. 메리를 환자가 아닌 '수감자'라고 불렀다. 그런가 하면 "언론과 세간의 관심을 차단하기 위해 철벽같은 방어막을 치고 수상쩍기 짝이 없는 환경에서 보호하고 있었다. 벨뷰 병원에 보관되어 있는 수년간의 진료 기록을 볼 때 유례없는 사례"라고 썼다. 또한 "그 여자가 끊임없이 도주를 시도하는" 탓에 병원 보조원들이 메리를 지키고 있다고 주장했다.

✠

오늘날, 미국 연방법은 개인 의료 정보를 보호하기 위한 법률들을 마련해 두고 있다. 그중 가장 일반적인 법률이 '건강 보험 이전성 및 책무성에 관한 법'이다.

이 개인 의료 정보 보호법은 거의 모든 의료 기록 정보의 공개를 금지한다. 예컨대 보건 담당관들은 성인 환자의 동의 없이 당사자의 개인 의료 정보를 공개할 수 없다. 가족에게조차 알려 줄 수 없다. 주에 따라 다르긴 하지만, 어린이도 개인의 특수 의료 정보에 관해 보호받을 권리가 있다. 그러나 신고 의무 질병에

치욕스러운 별명들이 붙다

관한 정보는 예외다. 의료 종사자 및 의료 기관이 공중 보건 담당
관에게 정보를 공개하는 것은 허용한다.

1907년 당시, 메리의 사생활이나 의료 기록은 어떤 법으로도
보호받지 못했다. 여기서 다시금 묻고 싶다. 왜 보건 당국자들은
메리의 사례를 비밀에 부쳤는지. 뉴욕시 보건국이 보호하려고 애
쓴 것이 메리 맬런이었는지, 아니면 보건국 자체였는지.

월터 벤셀 박사는 신문 기고문에서 문제의 요리사를 격리할
필요성을 이렇게 설명했다. "그 여성은 공중 보건에 대단히 해로
운 존재이자 공동체에 위험한 존재이다. 그 때문에 수감자가 되
었다. 그 여성이 발자취를 남긴 곳에서 장티푸스 발병 사례가 많
은 것은, 자신도 모르게 그 여성이 이 집 저 집에서 장티푸스균을
퍼뜨리고 있기 때문이다. 아니 살포하고 있다고 해야겠다."

신문은 "여러 집에서 일하면서 38명을 장티푸스에 걸리게
한" 요리사를 찾아낸 공을 조지 소퍼에게 돌렸다. 실제로 소퍼가
계산한 인원수는 사망한 바운 부부의 딸까지 포함해서 총 24명이
었다.

✠

뉴욕시 보건 당국에서 메리 맬런을 구금했을 무렵, 미국은 장티
푸스 때문에 국가적 위기를 맞았다. 1907년 한 해에만 전국에서
총 2만 8,971명이 사망했을 정도였다.

위험한 요리사 메리

장티푸스를 비롯한 감염성 질병으로부터 국민을 보호할 책임은 정부에 있다는 게 당시 미국인 다수의 생각이었다. 설령 국민의 보호가 곧 메리 맬런 같은 사람들에게 개인의 자유를 박탈하는 것을 뜻할지라도, 정부의 책임을 다해야 한다고 믿었다.

격리가 새로운 조치는 아니었다. 수천 년 전부터 병든 사람들은 격리되었다. 예컨대 기독교 성경 『구약』 레위기 13장 (13:1~46)에는 피부 질환자의 치료법과 나병 환자 격리법이 제시되어 있다. 오늘날에는 한센병으로 부르는 나병은 세균에 의한 감염병이다. 이 질병은 피부염, 신경 손상, 근육 위축을 일으키고 시간이 갈수록 증상이 심해진다. 오늘날에는 아주 드문 질병이다. 환자가 발생하면 반드시 보건 당국에 신고해야 하지만, 대개 격리할 필요는 없다. 항생물질로 쉽게 치료되기 때문이다.

대다수 전염성 질병이 두려움의 대상이었던 시절에는 격리되거나 격리 병원에 수용된 사람이 많았다. 항생물질과 예방접종이 발견되면서부터는 대체로 과거의 관례가 되었다. 그렇지만 특정 상황에서는, 특별 관리를 넘어 격리를 의무화할 수 있는 질병들이 있다. 미국 질병 통제 예방 센터에 따르면, 콜레라, 디프테리아, 감염성 결핵, 페스트, 천연두, 중증 급성 호흡기 증후군(사스), 황열병 및 에볼라 등의 바이러스성 출혈열이 여기에 속한다.

오늘날에도 대다수 미국인은 감염성 질병으로부터 국민을 보호할 책임이 정부에 있다고 믿는다. 공중 보건법들은 전파성이

치욕스러운 별명들이 붙다

있는 특정 감염병의 신고, 감염자의 치료, 필요한 경우 감염자의 격리 치료를 의무화하고 있다. 보건 담당관들은 환자의 자율성, 자유, 사생활을 존중하도록 힘써야 한다. 그러나 그와 같은 환자의 권리가 사회 전체의 보건과 안전이 위협받는 상황에서까지 보장받을 만큼 절대적인 것은 아니다.

많은 사람이 오늘날 세균이 널리 퍼지는 것을 불안해한다. 메리가 살았던 시절도 마찬가지였다. 세균론은 메리가 살았던 20세기 초에도 널리 인정받았다. 그러나 막상 세균의 확산 경로나 계층을 가리지 않는 세균의 속성을 제대로 이해하지 못하는 사람이 많았다. 의학을 불신하는 사람들도 더러 있었다. 불신하는 이유가 무지였든 두려움이었든, 그들은 의학 대신 이미 낡거나 아주 그릇된 속설을 굳게 믿었다. 예컨대 중상류층 사람들은 하류층 사람들에게 세균이 옮을세라 전전긍긍했다.

가정 위생을 다룬 인기 있는 책을 쓴 플런켓 부인은 그중 한 사람이었다. 1897년에 펴낸 저서에서 부인은 이렇게 경고했다. "산들바람은 불어오는 길에 병균 수를 늘리고, 그 병균들을 싣고 계속 불면서 사람을 만나면 닥치는 대로 퍼뜨린다. 백만장자든 빈털터리든 가리지 않는다……."

고용주들은 가사 노동자들이 '메리 일버슨'이라는 요리사처럼 집안 식구들에게 세균을 옮기지나 않을까 두려워했다.

그러나 뉴욕시 보건 당국자들은 메리 때문에 진퇴양난에 빠

위험한 요리사 메리

1900년에서 1910년 사이에 찍은 사진. 어느 임대 주택 마당 위에 빨래가 널려 있다.
1900년 무렵 맨해튼 로어이스트사이드에는 이와 같은 임대 주택 건물들이 8만 2,652채가 있었다.
미국 의회 도서관 제공.

졌다. 대뉴욕 헌장의 조문이 작성된 것은 1897년이었다. 이를테면 보건 당국자들이 건강 보균자의 개념을 몰랐던 시절에 규정한 내용이었다. 1170조에 명시된 내용은 다음과 같았다.

> 위 보건 위원회는 전염성, 악성 또는 감염성이 있는 질병에 걸린 개인은 누구든지 동 위원회가 지정한 적절한 장소로 옮기거나 옮겨 가도록 할 수 있는바, 그러한 사례에 해당하는 개인을 치료할 병원을 전담하고 통제하여야 한다.

이 뉴욕시 조례에는 병에 걸린 것이 분명한 사람들만 언급되어 있었다. 메리는 아프지 않았다. 메리를 보고 전염성, 악성 또는 감염성이 있는 질병에 걸렸다고 말할 사람은 아무도 없었다. 도리어 메리를 직접 본 사람들은 하나같이 메리의 건강한 모습을 언급했다.

뉴욕시 보건국이 건강한 사람을 격리한 전례는 없었다. 그런데 메리를 격리할 권한은 있었던 것일까? 건강하게 사는 동안 다른 사람들에게 병을 옮길 것처럼 **보이는** 여자라서?

보건 당국자들은 행동 방침을 결정하기 위해 저명한 법률가들에게 자문할 예정이라고 〈뉴욕 아메리칸〉 기자에게 밝혔다.

그들이 법률 자문을 받았는지는 알 길이 없다. 실제로 법률

위험한 요리사 메리

가들의 조언을 따랐는지에 관해서도 모른다. 그것을 확인할 만한 현존 기록이 없는 까닭이다.

그렇더라도 분명히 알 수 있는 사실은 있다. 〈뉴욕 아메리칸〉 기자가 메리의 기사를 터뜨린 직후에, 보건 당국자들은 신속하고 은밀하게 움직였다. 변호사의 도움 한번 받지 못하고, 공판이나 배심 재판도 없이 메리 맬런이 리버사이드 병원으로 이송당했던 것이다. 도주가 불가능한 그 격리 시설로.

리버사이드 병원은 노스브라더섬에 있는 종합병원이었다. 면적이 5만 3,000제곱미터쯤 되는 그 섬은 북쪽으로는 브롱크스 땅, 남쪽으로는 롱아일랜드섬의 퀸스 땅과 닿는 이스트강 중앙에 있었다. 섬에서 강기슭까지 거리는 겨우 몇백 미터밖에 되지 않았다. 그러나 물살이 워낙 세서 헤엄쳐 건너기에도, 작은 배를 타고 가기에도 위험천만한 강이었다.

그곳에서 메리가 장티푸스균을 혼자만 지니고 있는 법을 배우기를, 보건 당국자들은 바랐다.

치욕스러운 별명들이 붙다

## 11장

# 나병 환자처럼
# 유배되다

병원 보조원들이 16번가에서 메리를 환자 수송용 연락선에 태웠다. 연락선은 이스트강 상류로 거슬러 올라갔다. 섬에 도착한 순간 겁도 나고 화도 난 메리는 그 어느 때보다 심하게 저항했다.

노스브라더섬은 예전에는 땅이 적은 무인도였다. 뉴욕시는 몇 년에 걸쳐 그 섬의 모래펄과 늪 들을 메우고 거세게 들이치는 파도를 막을 튼튼한 방파제를 쌓았다. 원래 4만 제곱미터 남짓하던 면적이 5만 3,000제곱미터쯤 되는 섬으로 바뀌었다.

리버사이드 병원은 1885년에 블랙웰섬(지금의 루즈벨트섬)에서 이곳으로 이전했다. 그때부터 홍역, 천연두, 결핵, 성홍열, 발진티푸스 환자를 임시로 격리 치료하는 종합병원이 되었다. 수용 환자들은 뉴욕시에서 임대용 공동주택에 사는 빈민들이었다.

1897년에 경찰 출입 기자 제이콥 리스는 '공원 예정지'였던 그 섬을 이렇게 설명했다. "예전에는 쓸모없던 모래펄이 지금은 널따랗고 그늘진 잔디밭이 되었다. 구불구불 이어지는 산책로를 잘 꾸며 놓았고, 크고 작은 나무들이며 꽃이 많았다. 근사하면서

나병 환자처럼 유배되다

도 견고한 건물들과 정자, 병동들도 들어섰다." 그런데 그는 이런 말을 덧붙였다. "사람들이 그곳에서 거주하기를 갈망한다고 말하기는 어렵겠다."

다른 환자들과도 격리된 메리는 강둑에 자리한 작은 단층집을 배정받았다. 가스, 수돗물, 전기를 쓸 수 있는 현대적 편의 시설은 물론 거실, 부엌, 화장실까지 갖추어져 있었다. 메리는 그 단층집에서 폭스테리어 강아지 한 마리와 지냈다. 메리의 신상 정보는 밝히지 않았다. 보건 당국 기록에는 그저 '요리사로 일했던 여성'으로만 적혀 있었다.

단층집 안에서 창밖을 내다보면, 연락선이 미끄러지듯 지나가는 광경을 볼 수 있었다. 저 멀리 브롱크스와 맞닿은 강기슭에 설치해 놓은 가스탱크도 보였다. 밤이 되면 이스트강 강물이 방파제에 부딪혀 철썩거리는 소리가 들렸다.

✝

노스브라더섬에 도착했을 무렵, 메리는 체포와 격리에 따른 정신적 스트레스에 시달렸다.

메리는 훗날 〈뉴욕 아메리칸〉 편집장에게 보낸 편지에서 이렇게 썼다. "이곳에 처음 왔을 때 저는 너무나 불안하고 슬프고 괴로운 나머지 몸을 제대로 가누지 못했습니다. 처음에는 양쪽 눈꺼풀이 떨렸는데, 결국 왼쪽 눈꺼풀이 마비되어서 움직이지 않

위험한 요리사 메리

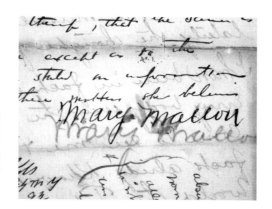

날짜가 적히지 않은 〈뉴욕 아메리칸〉 편집장에게 보낸 편지. 아래쪽에 굵은 글씨체로 또박또박 쓴 메리의 서명이 보인다. 이 편지는 뉴욕시 뉴욕 지방 법원에 소장되어 있다. 사진 촬영: 저자.

았어요." 이 편지는 끝내 기사화되지 않았다.

메리는 여섯 달 동안 왼쪽 눈을 감지 못했다. 메리의 설명에 따르면, 다른 환자들을 정기적으로 방문하는 안과 전문의에게도 진료를 한 번도 못 받았다고 한다.

눈꺼풀 경련은 피로나 스트레스 때문일 수 있다. 나중에 저절로 없어질지라도 심지어 양성 종양도 원인이 될 수 있다. 눈 감는 기능을 상실한 것은 원래 갖고 있던 기저 질환이나 심리적 증후군, 심지어 약물 부작용 때문일 수도 있다.

메리는 눈가리개를 달라고 부탁했지만 그마저 거절당했다. 하릴없이 낮에는 오므린 손으로 눈을 덮은 채 지냈고, 밤에는 눈이 감기게끔 붕대를 머리통에 감아 묶었다.

결국 메리의 눈은 좋아졌다. 〈뉴욕 아메리칸〉 편집장에게 보낸 편지에서, 메리는 "그렇지만 눈은 좋아졌습니다. 전지전능하

나병 환자처럼 유배되다

신 하느님 덕분입니다. ~~하지만~~'라고 썼다. '하지만'을 지워 버린 것을 보면, 뭔가 말하려다가 마음을 바꾼 것이 틀림없었다.

병원 보조원들이 메리의 대변, 소변, 혈액 표본을 1주에 두세 번씩 채취해 갔다. 검사 결과가 때로는 양성 반응, 때로는 음성 반응으로 나왔다. 메리가 장티푸스 간헐 보균자라는 사실을 엿볼 수 있는 대목이었다.

보건국은 메리를 대상으로 임상 시험용 의약품을 실험했다. 의사들이 처방한 우로트로핀은 암모니아와 포름알데히드를 배합한 조제약이었다.

메리는 이렇게 말했다. "저는 우로트로핀을 총 3개월쯤 복용했어요. 주는 대로 계속 먹었다면, 너무 독해서 그 약이 분명 저를 죽이고 말았을 거예요. **콩팥병**\*에 쓰는 약을 먹어 본 사람이라면 다 알 겁니다."

일명 우로트로핀은 쓸개에 서식하는 장티푸스균 제거에 아무런 효과가 없었다. 사실 그것은 메리 같은 환자에게 쓰는 약이 아니었다. 장티푸스에서 회복한 환자의 소변 속 장티푸스균을 제거하는 데 쓰는 약이었다.

어떤 의사는 메리에게 몇 가지 알약을 주었다. (어떤 약인지

---

\* 메리가 잘못 알고 있었던 듯하다. 오늘날 우로트로핀은 헥사메틸렌테트라민 hexamethylenetetramine으로 알려져 있다. 강력한 항세균제로, 흔히 요로 감염증 치료제로 처방된다. —저자 주

위험한 요리사 메리

는 메리가 구체적으로 말한 적 없다.) '항자가중독제'라고 부르는 이 알약은 염분을 함유한 것과, 양조효모로 만든 것이었다. 그 두 가지를 함께 복용하면 위창자관이 살균될 것이라고 믿은 데 따른 처방이었다. 항자가중독제는 '증명된 요법'이라면서 "동시에 장 세척까지 되기 때문에, 치료 효과가 아주 뛰어나다."고 말하는 의 사도 있었다. 하지만 아니었다.

그런 임상 시험에는 위험이 따랐다. 조지 소퍼도 그 사실을 인정하면서 이렇게 말했다. "세균을 죽일 정도라면 그게 무엇이 든 그 세균들, 그러니까 우리 식으로 말하면, 세균들의 병원소가 되는 사람도 죽일 게 명백합니다."

그러나 소퍼에게 장티푸스는 어떤 희생을 치르고서라도 막아 야 하는 전염병이었다. 그는 〈뉴욕 타임스〉 기자와의 인터뷰에서 이렇게 밝혔다. "장티푸스 보균자가 끼칠 위험은 반드시 근절해 야 합니다. 그러기 전까지는 장티푸스가 계속 우리와 함께 있을 테니까요."

메리에게는 보건 위원들이 두려움의 대상이었다. 문제의 세 균이 있는 위치나 치료 방법을 두고 의사들끼리 서로 의견이 달 라 보였기 때문이다.

메리는 편지에서 그 사실을 인정했다. "저는 그 사람들이 약 간 무서웠는데 괜한 두려움이 아니었어요. 제가 보건국에 갔을 때는, 그것들이 제 큰창자에 있다고 했어요. 얼마 후에는 다른 의

나병 환자처럼 유배되다

사가 창자 근육에 있다고 하더니, 맨 나중에는 쓸개에 있다고 생각했어요."

의사들의 그런 태도에서 메리는 막연한 두려움의 실체를 깨달았던 모양이다. 보건 위원회 소속 의사들이 자신을 격리한 목적은 의학 연구였다고 말이다.

✟

1907년 여름이 끝났다. 메리는 9월에 만 38세가 되었다. 크리스마스가 왔다가 갔다. 새해 전야도 그렇게 왔다가 가고 1908년이 되었다. 병원에서 1주에 두 번씩 면회를 허용했으나, 겨울철에는 연락선 운행을 중단했다.

훗날 기자들은, 메리가 그 섬에서 완전히 고립된 채 살았고, 간호사들이며 병원 보조원들도 접촉을 꺼렸다고 보도했다. 〈뉴욕 아메리칸〉 기자는 "하루에 세 번씩 식사를 가져다주는 담당자는 문가에다 식사만 내려놓고 악성 전염병 환자에게서 도망치듯 줄행랑을 놓았다."고 썼는가 하면, 〈뉴욕 콜〉 기자는 "그들은 나병, 천연두, 성홍열 따위에 걸린 환자들은 겁내지 않았다. 하지만 그 장티푸스균 전파자 근처에는 얼씬도 하지 않았다."고 썼다.

그러나 꼭 그렇지만은 않았다. 그 무렵 메리도 가깝게 지내는 친구가 생겼다. 23세의 정식 간호사 애들레이드 제인 오프스프링이었다. 섬에서 두 사람이 함께 오솔길을 거니는 모습이 자주 눈

위험한 요리사 메리

1931년과 1937년 사이에 브롱크스 강변에서 찍은 사진. 멀리 노스브라더섬이 보인다. 그 섬이 있는 이스트강은 물살이 거세서 헤엄이나 작은 배로 건너는 것은 위험천만한 일이었다. 리버사이드 병원이 있던 이섬은 현재 버려진 채, 새들이 둥지를 트는 보호구역으로 지정되어 있다. 뉴욕 공립 도서관 제공.

에 떠었다. 오프스프링에 따르면 나중에는 메리도 면회가 허용되었다고 한다.

메리는 일부러 바쁘게 지낼 방법들을 찾았다. "이따금 다른 환자들을 돕기도 하고, 몹시 아픈데 보살펴 줄 사람이 아무도 없는 아이들도 돌봐 줬어요."라고 훗날 메리는 〈뉴욕 월드〉 기자에게 말했다.

그리고 물론, 메리 곁에는 강아지도 한 마리 있었다.

메리는 퇴소할 수 있도록 도와 달라며 줄기차게 하소연했다. 1909년에는 〈뉴욕 아메리칸〉 기자에게 이렇게 말했다. "저는 평생 장티푸스에 걸려 본 적도 없고, 언제나 건강했어요. 도대체 왜 제가 나병 환자처럼 추방당해서 독방에 갇힌 채 개 한 마리하고만 살아야 하나요?"

10개월 뒤 병원 관계자들은 메리의 퇴소 여부를 검토했다. 만약 퇴소하면 어디에서 살 생각이냐고 레지던트가 메리에게 물었다.

"당연히, 뉴욕이라고 대답했어요."라고 메리는 썼다. 어쨌거나 뉴욕시는 아일랜드에서 이주한 이래 24년 동안이나 살았으니, 메리에게는 고향이나 다름없었다.

그러나 뉴욕시 보건국 관계자들은 메리의 퇴소로 불거질지 모를 문제를 책임질 마음이 없었다. "그래서 제가 여기서 나가는 문제에 관한 논의가 중단됐어요."라고 메리는 말했다.

위험한 요리사 메리

그 이야기를 전해 들은 수간호사는 보건국 관계자들에게 편지를 보내라면서 메리에게 귀띔해 주었다. 퇴소하게 되면, 코네티컷주로 가서 언니나 여동생과 함께 살겠다고 말하라고. 그러면 그때는 메리가 뉴욕주가 아닌, 코네티컷주의 문젯거리가 될 테니 퇴소할 수 있을 거라고.

그러나 메리는 거짓말은 하지 않겠다면서 "글쎄요, 저는 코네티컷주에도 미국 땅 어디에도 언니나 여동생은 없어요."라고 말했다. 그때부터 수간호사는 메리를 '절망적인 사례'라고 불렀다.

메리는 아일랜드로 돌아갈 생각이 없었던 것일까. 메리가 그 이유를 밝힌 적은 없었다. 혹시 통행 허가를 받을 수 없는 처지였을까. 아일랜드에 남은 가족이 없어서였을까. 아일랜드에서 떠나와 영영 돌아가지 않을 만한 이유가 있었을까.

아마도 개연성이 가장 높은 것은, 귀화 시민으로서 미국에서 살 권리가 있다는 사실을 알고 있었기 때문이었을 것이다. 메리는 법정 투쟁을 벌여서라도 오명을 씻겠다고 결심했다.

"제가 할 수 있는 건 달링턴 박사에게 신청서를 제출하고 미국을 떠나 다른 이름으로 살겠다고 약속하는 것뿐이라고 하더군요. 그래야만 자유를 찾을 수 있다고요. 하지만 저는 절대로 그러지 않을 겁니다. 오명을 씻지 못할 바에는 그냥 이곳에서 죽겠어요."라고 메리는 〈뉴욕 월드〉 기자에게 밝혔다.

나병 환자처럼 유배되다

1년이 흘렀다. 그 시간 내내, 자유를 찾겠다는 메리의 결심은 조금도 흔들리지 않았다. 1908년 7월, 메리는 맨해튼에 있는 민간 실험실에 검사를 의뢰할 준비를 했다. 소변과 대변의 표본을 보내 분석을 맡길 작정이었다. 전달은 오거스트 브레이호프가 맡아 주기로 했다.

연락선을 타고 강을 건너 면회를 온 브레이호프는 의무 규정에 따라 부두에서 긴 가운과 고무 덧장화를 착용한 뒤 메리의 단층집으로 갔다. 그리고 메리의 표본들을 채취한 다음 연락선을 타고 16번가로 돌아왔다. 그길로 곧장 웨스트 42번가 121번지에 있는 퍼거슨 실험 연구소에 표본을 전달했다.

그때부터 9개월에 걸쳐 브레이호프가 표본들을 전달한 것은 최소 열 번이었다. 연락선을 운행하지 않는 겨울철에만 잠깐 중단했다.

민간 실험 연구소에서 받아 본 통보서에는 매번 "이 표본의 장티푸스 검사 결과는 음성입니다."라고 쓰여 있었다. 장티푸스균이 검출된 표본은 단 한 건도 없었다. 아이러니하게도, 동일한 시기에 뉴욕시 보건국 실험실에서 실시한 검사 결과는 여덟 번이나 양성 반응으로 나왔다.

그러나 퍼거슨 실험 연구소의 검사 결과를 본 메리는 희망에 부풀었다. 그 결과는 자신은 장티푸스균에 감염되지도 않았고 그

병을 앓은 적도 없다고 줄기차게 주장해 왔던 메리의 말을 확인해 주었다. 그런 만큼 뉴욕시 보건국에 대한 메리의 불신은 더욱 커졌다.

어떻게 이처럼 상반된 결과가 나왔을까? 퍼거슨 실험 연구소에 도착한 표본들이 신선하지 않았을 가능성이 있다. (어쨌거나 중간 전달자가 있었으니까.) 퍼거슨 실험 연구소에 근무하는 기술자들의 부주의나 실력 부족으로 검사가 부정확했을 가능성도 있다. 앞서 말했듯이, 메리가 간헐 보균자여서 장티푸스균이 검출되지 않은 시기도 있었을 수 있다.

메리가 두려워했던 최악의 사태가 사실이었을 가능성도 있다. 뉴욕시 보건국에서 자신을 납치하고 격리한 목적이 임상 시험 때문이라는 메리의 주장이 맞을 가능성도 배제할 수 없다.

✢

메리의 부탁을 견디다 못해, 오거스트 브레이호프는 메리를 체포할 당시 보건 국장이었던 토머스 달링턴과 접촉했다. 그리고 메리가 언제쯤 퇴소하게 될지 물어보았다.

메리의 퇴소에 따른 문제를 책임지고 싶지 않았던지, 달링턴은 "내 독단으로 풀어 줄 수는 없소."라고 대답했다.

달링턴 말대로라면 그 결정은 보건 위원회의 또 다른 의사 위원인 윌리엄 스터디포드에게 달려 있었다. 하지만 그 역시 책임

나병 환자처럼 유배되다

질 일을 꺼렸다. 스터디포드는 메리 때문에 감염자가 많은 것이 기정사실이라면서, 퇴소는 안 된다고 했다. 그러면서도 한 가지 제안을 했다. 브레이호프라면 쓸개 제거 수술에 동의하도록 메리를 설득할 수 있지 않겠느냐는 것이었다. 뉴욕시에서 가장 훌륭한 외과 의사에게 수술을, 메리의 말대로라면 '잘라 내기'를 맡기겠다는 약속도 했다.

브레이호프가 그 이야기를 전했으나 메리에게는 씨도 먹히지 않았다. "내 몸에 어떤 칼도 못 대게 할 거예요. 내 쓸개는 아무런 문제가 없다고요."라고 메리는 말했다.

메리는 편지에서 수술을 거부한 이유를 밝혔다. 자기 몸속에 있다고 주장한 그 세균들을 처치할 방법도 결정하지 못한 채 몸을 절개하겠다는 의사들을 믿을 수 없었다고 했다.

여느 때 없이 신경이 곤두선 메리는 불안에 떨었다. 의사들이 그저 임상 시험을 위해 자신을 마취하고 수술할지 모른다고. 아니 그보다 더한 일을 할지도 모른다고. "보건국은 단지 저를 살해할 방법으로 그걸 쓰려는 거예요."라고 메리는 말했다.

병원 직원들로서는 한사코 거부하는 메리를 이해할 수 없었다. 수간호사는 "여기에 계속 있으니 수술을 받는 쪽이 훨씬 낫지 않겠어요?"라고 묻기도 했다.

그러나 메리는 완강했다.

의학 전문가는 아닐지라도, 메리의 직감은 옳았다. 오늘날에

위험한 요리사 메리

도 수술에는 위험이 따르게 마련이다. 1908년이라면 더 말할 것도 없다. 살아나지 못할 가능성도 얼마든지 있었다. 수술 자체 때문이 아닐지라도, 감염 때문에 죽을 수도 있는 시절이었다. 항생물질은 그로부터 34년이나 흐른 뒤에 발견되기 때문이다.

그뿐이 아니다. 설령 쓸개 제거 수술을 받고 살아날지라도, 메리의 상태는 여전할 수 있다. 장티푸스균이 돌창자(회장), 지리(비장), 골수에서도 발견될 수 있는 까닭이다.

그러나 조지 소퍼는 수술을 거부하는 메리를 이해하지 못했다. 그에게는 한낱 쓸개 하나 없애는 것뿐이었다. "제가 알기로 쓸개는 제거해도 괜찮습니다. 분명코, 인간은 그것 없이도 살아갈 수 있습니다."라고 말했다.

✛

메리가 노스브라더섬에 갇혀 있는 동안, 조지 소퍼는 자기 이름을 알리고 있었다. 전국을 돌며 자신의 위대한 발견을 주제로 강연을 했다.

1907년 4월, 즉 메리가 체포된 지 한 달째. 이때 소퍼는 '워싱턴 생물학회'의 학술대회에 참석하여 논문을 발표했다. 제목은 「어느 만성적 장티푸스균 전파자에 관한 연구」였다. 메리의 실명은 결코 언급하지 않았다. 자신의 활약상과 치명적인 요리사를 발견한 과정을 상세히 설명했다.

나병 환자처럼 유배되다

메리가 노스브라더섬에 이송당한 지 한 달째. 이때는 소퍼가 앞서 발표한 논문이 〈미국 의학 협회 저널〉에 게재되었다. 그 후 역시 같은 해에, 동일 논문 및 논문에 관한 토론 내용이 과학 전문지 〈사이언스〉에 실렸다.

윌리엄 핼록 파크 박사도 메리의 성은 밝히지 않은 채, 메리에 관한 강연과 저술 활동을 열심히 했다. 1908년 6월에는 '미국 의학 협회'의 정기 총회에 참석했다. 그 자리에서 「장티푸스균 보균자들」이라는 논문을 발표했다. 그로부터 3개월 뒤, 이 논문 역시 〈미국 의학 협회 저널〉에 게재되었다.

파크 박사는 그 정기 총회에서, 문제의 요리사를 격리하는 문제와 관련한 뉴욕시 보건국의 권한에 관해 다루었다. "이 여성의 사례에서 제기되는 흥미로운 문제가 많습니다. 그 여성의 자유를 거의 평생 동안 박탈할 권한이 보건국에 있을까요? 대안이 있다면 최소 28명을 감염되게 한 것으로 알려진 여성을 사회에 풀어놓는 것입니다." (파크 박사의 말은 틀렸다. 그날까지 메리 때문에 감염된 사람은 28명이 아니라 24명이었다.)

뉴욕시에는 건강 보균자가 메리 한 명만 있는 것은 아니라는 점도 파크 박사는 언급했다. 건강해 보이지만 대변으로 장티푸스균을 배출하는 사람들이 더 있다고 했다. 그러나 건강 보균자를 모조리 격리하는 것은 비현실적이라고 생각한다면서, "앞서 설명한 요리사만 예외"라고 했다. 메리가 예외여야 하는 이유는 설명

위험한 요리사 메리

하지 않았다.

파크 박사가 논문을 발표한 다음에 토론 시간이 마련되었다. 그 자리에서 어떤 의사가 문제의 요리사를 가리켜 '장티푸스 메리'Typhoid Mary라고 불렀다. 그때부터 그 이름이 굳어졌다. 신문들도, 의사들도, 보건 관계자들도, 시민들도 메리가 아닌 '장티푸스 메리'라고 부르기 시작했다. 이 끔찍한 별명은 급기야 타락하거나 말썽을 일으키는 기피 대상 여성을 뜻하는 용어로 쓰이게 된다.

2년 3개월에 걸쳐 소퍼와 파크는 강연과 논문 발표 등 왕성한 활동을 펼치며 의학계에서 명성과 악명을 동시에 얻었다. 그동안 메리는 자신의 오명을 씻고 퇴소 결정을 얻어 낼 날을 손꼽아 기다렸다.

그러던 1909년 6월 어느 따듯한 일요일 아침이었다. 메리 맬런은 〈뉴욕 아메리칸〉 일요판을 펼쳤다. 그리고 두 면 전체를 알록달록 화려하게 장식하고 있는 자기 본명과, 자신과 흡사하게 그린 그림을 보았다.

나병 환자처럼 유배되다

# 12장

## 재판받을 기회를 얻다

악의는 전혀 없으나 미국에서 가장 위험한 여자 '장티푸스 메리'
기괴한 곤경에 빠진 메리 맬런, 뉴욕의 격리 병원 섬에 갇힌 수감자, 병 때문이 아니라 장티푸스균을 번식해서 가는 곳마다 뿌리고 다니는 탓.

자신이 앞치마를 입고 해골처럼 생긴 장티푸스균을 깨뜨려 프라이팬에 넣고 있는 커다란 삽화, 자신이 어느 병원 침상에 누워 있는 사진, 자신이 다른 환자들과 함께 정자에 앉아 있는 사진, 큼지막한 특종 기사 제목 자리에서 행진하고 있는 자신에게 희생된 사람들의 실루엣 등이 실린 지면을, 메리는 눈이 뚫어지게 바라보았다.

일찌감치 메리 관련 기사를 터뜨렸던 〈뉴욕 아메리칸〉 신문. 또다시 최초로 메리 맬런의 신분을 고스란히 공개한 신문. 그 조간신문의 일요판은 80만 부에 가까운 판매 부수를 자랑했다. 그

재판받을 기회를 얻다

것은 80만 명에 가까운, 아니 그보다 훨씬 많은 사람이 메리의 본명을 알게 되었다는 뜻이었다.

양면펴기로 찍은 일요판 신문 지면에는 조지 소퍼가 '워싱턴 생물학회' 학술대회에서 발표했던 논문이 실려 있었다. 그런데 제목이 「메리 맬런이 지나온 죽음과 질병의 기괴한 길」로 바뀌어 있었다.

그 논문 밑에서 윌리엄 핼록 파크 박사가 제목 없이 쓴 글이 달려 있었다. 박사는 "그 불운한 여성을 치료하기 위해 온갖 방법을 시도해 보았지만 헛일이었다. ……그러한 위협으로부터 시민을 안전하게 지키는 것이 보건 당국자들의 명백한 임무이다."라고 썼다. 메리가 아주 오랫동안, 어쩌면 평생 동안 수감자가 될 것이라는 예측도 내놓았다.

담당 기자의 생각도 같았다. 그는 앞에 곁들인 기자의 글에서 "메리 맬런은 아마 평생 수감자가 될 것이다."라고 썼다. 그다음에는 자못 동정적인 논조로 몇 마디 보탰다. "그러나 그 여자는 어떤 범죄도 저지른 적이 없고, 부도덕하거나 사악한 행

메리 맬런으로 추정되는 인물(왼쪽)이 노스브라더섬에서 다른 환자들과 함께 있는 모습. <뉴욕 아메리칸> 1909년 6월 30일 자. 뉴욕 공립 도서관 제공.

위험한 요리사 메리

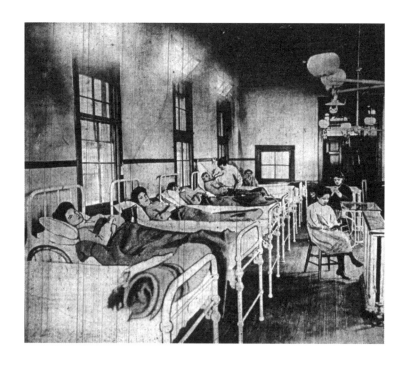

노스브라더섬에 있던 리버사이드 병원의 회복실로 짐작되는 이 병동에서, 왼쪽 첫 번째 침상에 누워 있는 사람이 메리 맬런이라고들 한다. 그러나 메리 맬런은 <뉴욕 아메리칸> 편집장에게 보낸 편지에서, 자신이 "따로 분리된 장티푸스 환자들과 함께 있었다."고 주장한 윌리엄 핼록 파크 박사의 주장을 반박했다. 그러면서 "그 섬에는 장티푸스에 걸린 사람이 전혀 없었다."고 썼다. 이 사진은 일러스트로 개작한 것처럼 보인다. <뉴욕 아메리칸> 1909년 6월 30일 자. 뉴욕 공립 도서관 제공.

위로 비난받은 적도 없었다. 징역형을 선고받기는커녕 죄인으로 법정에 서 본 일조차 없었다."

메리는 〈뉴욕 아메리칸〉 편집장에게 보낸 편지에서 그런 식으로 자신을 다룬 것에 대해 하소연했다. "저는 사실상 모두가 몰래 훔쳐보는 구경거리였습니다. 심지어 인턴들조차 참다못해 저를 보러 와서 이미 온 세상에 다 알려진 사실들을 물어보더군요. 결핵에 걸린 남자들은 '저기 있네, 납치당한 그 여자.' 하면서 쑤군댔습니다."

소퍼나 파크 등이 늘어놓은 말들에 대해서는 억울함을 넘어 분노까지 드러냈다. "그런 말을 한 윌리엄 H. 파크 박사는 그런 모욕을 당하고, 신문에서 본인이나 자기 아내를 장티푸스 윌리엄 파크라는 이름으로 부르면 과연 어떤 심정일지 궁금하네요."

메리가 보낸 이 편지는 끝내 신문에 실리지 않았다.

✝

34세의 변호사 조지 프랜시스 오닐. 그도 〈뉴욕 아메리칸〉 구독자였고, 메리 이야기를 다룬 일요판을 읽었다. 정황 증거만으로 메리를 수감하다니 '터무니없다'고 여겼다. 명백한 시민권 침해에 경악한 그는 메리 맬런의 법률 대리인을 자청하고 나섰다.

변호해 준 대가로 메리가 오닐에게 얼마를 주었는지 오늘날까지 정확히 아는 사람은 아무도 없다. 오닐 변호사가 무료 변론을 했다는 증거도 없다.

윌리엄 랜돌프 허스트 〈뉴욕 아메리칸〉 발행인이 변호 비용을 대신 지불했다고 믿는 사람도 더러 있다. 그는 노동자와 약자의 옹호자로도 알려져 있었다. 그가 발행하는 선정적인 신문도 가끔은 사회적 불의를 신랄하게 비판했다. 메리의 변호 비용을 부담한다면 메리 이야기를 기사화할 독점권을 덤으로 얻을 수 있는 좋은 방법이 될 터였다. 오늘날 같으면 직업윤리에 어긋나는 행태라고 여길 만한 일이었다.

그러나 정작 〈뉴욕 아메리칸〉 신문사 측은 메리의 변호 비용을 부담한 공을 뉴욕의 몇몇 부호에게 돌렸다. 기사에 따르면, "의지할 친척도 친구도 없이 외로운 그 여자를 가련하게 여기는 마음으로 베푼 것이었다."

오닐 변호사는 메리 맬런에게 재판을 받을 기회를 마련해 줄 작정이었다. 그것은 수정 헌법 제6조가 보장하는 권리였다. 메리는 변호사에게 도움받을 권리가 있었다. 신속한 재판과 공정한 배심 재판을 받을 권리, 불리한 증언을 하는 사람들과 대질 신문을 받을 권리, 유리한 증인을 확보하기 위한 강제 절차를 밟을 권리도 있었다. 이 모두가 수정 헌법 제5조에서 보장하고 있는 적법 절차에 따라 재판받을 권리에 속한다.

그러려면 먼저 보건 당국자를 법정에 세워 메리를 구금한 이유를 밝히게 해야 했다. 오닐 변호사는 뉴욕주 대법원에 가서 인신

재판받을 기회를 얻다

보호 영장 청구서를 제출했다. 그 영장이 발부되면 수감 기관 관계자는 반드시 법정에 출두하여 수감 사유를 밝혀야 하기 때문이다.

오래 걸렸지만 마침내, 메리 맬런은 법정에서 재판을 받을 기회를 얻게 되었다.

✠

메리는 드디어 자신을 맨해튼 16번가로 데려다줄 병원 연락선에 올라탔다. 신문 일요판에 메리 이야기가 보도된 지 9일 만이었고, 메리가 구급차에 실려 윌러드 파커 병원으로 끌려간 지 2년 4개월 만이었다.

메리는 변호사와 함께 맨해튼 남부 체임버스가 52번지에 있는 뉴욕주 대법원으로 향했다. 치마 주머니 속에는 〈뉴욕 아메리칸〉 일요판에서 찢어 내 몇 겹으로 접은 신문지가 들어 있었다.

메리 맬런의 외모와 건강한 모습에 법원 출입 기자들은 놀라움을 감추지 못했다. 〈뉴욕 아메리칸〉 기자는 이렇게 썼다. "모르는 사람이 어제 메리를 보았다면, 누구라도 그 젊은 여자에게서 위험성을 발견했다는 보건 위원들의 주장을 의아해했을 것이다. 뽀얀 살결에 혈색이 좋았으며, 얼굴은 균형이 잘 잡혔고, 눈은 반짝거렸고, 치아는 하얬다. 아주 건강해 보이는 여자였다."

또 다른 기자는 메리의 얼굴색을 "보기 좋을 만큼 발그레했다."고 묘사했고, 건강 상태에 대해서는 "체포되었을 때와 다름없

위험한 요리사 메리

이 거세게 저항할 수 있는" 사
람처럼 보였다고 썼다.

그런가 하면 마녀나 주술
사를 암시하는 언어를 사용한
기자들도 있었다. 이를테면 "이
상한 힘"을 가진 여자, 다른 사
람들이 감염되게 하는 "힘을 소
유한" 여자, "접촉한 사람은 모
두 병들게 하는 손으로 꼽을 만
한 기형적 변종" 따위로 메리를

재판받고 있는 메리 맬런의 초상. <뉴욕
아메리칸> 1909년 6월 30일 자. 미국 의
회 도서관 제공.

설명했다. 앞치마를 입은 메리가 치명적인 요리사임을 보여 주는
삽화도 있었다. 메리가 팔팔 끓는 냄비를 휘젓고 있고, 그 냄비에
서 피어오르는 김 속에 해골이 그려져 있었다.

✠

재판이 시작되었다. 오닐 변호사는 두 판사 미첼 얼랭어와 레너
드 기거릭 앞에 섰다. 그는 어떤 법으로도 메리의 체포와 수감을
정당화하지 못한다고 주장했다. 더 나아가 적법 절차에 의해 보
호받을 메리의 권리도 박탈당했다고 했다. 보건국은 메리를 체포
하고, 병실에 가두고, 본인의 동의 없이 표본을 채취할 권리가 전
혀 없다는 사실도 지적했다.

재판받을 기회를 얻다

뚜렷하게 드러난 질병 증세가 하나도 없었던 만큼, 보건국은 "메리를 검진한 다음에 잡아 가둘 권리는 있어도, 먼저 잡아 가두고 검진할 권리는 없다."고 주장했다.

마침내 메리에게도 자기편이 생겼다. 메리는 법정에게 이렇게 말했다. "저는 아무런 범죄를 저지르지 않았는데, 사회에서 추방되어야 할 범죄자 취급을 받습니다. 기독교 사회에서 방어할 능력이 없는 여성을 이런 식으로 대우할 수 있다는 사실이 믿기지 않습니다."

오닐 변호사는 법적으로 보건국이 메리를 계속 가두어 둘 수 없다는 주장을 펼쳤다. "그와 같은 엄청난 행동을 하는 데…… 만약 어떤 사람이 세균에 감염되었다는 단순한 진술만으로 충분하다면, 그때는 그 감염자를 집에서 끌어가서 가족으로부터 떼어놓을 수도 있겠고, 노스브라더섬에 평생 동안 감금할 수도 있겠습니다. 그런 일이 실제로 벌어진 것이 바로 이 사례입니다."

오닐 변호사는 변론을 통해 다음과 같은 문제를 제기한 셈이다. 의사들은 얼마나 큰 권한을 가져야 하는가? 실험실 검사 결과에 얼마나 큰 비중을 두어야 하는가? 한 개인을 평생 격리하는 데 의사들의 단순한 진술만으로도 충분한가? 실험실 검사 결과에 한 사람을 평생 격리할 만큼 큰 비중을 두어야 하는가?

"메리 맬런의 신체는 완벽하게 건강합니다. 내과 의사에게든 외과 의사에게든 진료를 받아야 할 상태였던 적은 단 한 번도 없

위험한 요리사 메리

었습니다."라고 오닐 변호사는 말했다.

메리가 체포당했던 1907년에 새로 발생한 장티푸스 사례로 보고된 것은 4,426건이었다. 원인을 밝히기 위해 경로를 역추적한 결과, 그중에서 메리가 일했던 집에서 발생한 사례는 2건뿐이었다. 오닐 변호사가 판단한 바로는, 메리에게 불리한 것은 정황 증거뿐이었다. "이 여성은 장티푸스가 발생한 집들에 고용되어 있었다는 불운한 상황의 피해자였습니다. 그 질병은 환경 때문에 발생했지 이 여성이 하던 일과는 아무 관련이 없다는 것은 의심할 나위가 없습니다."

메리가 재판을 받고 있던 1909년 6월까지, 보건국은 뉴욕시에 거주하는 건강 보균자 5명을 이미 확인했다. 게다가 뉴욕시를 자유롭게 돌아다니는 건강 보균자가 더 있을 것으로 확신하고 있었다. 미국 전역에서 건강 보균자로 확인된 사람은 총 50명이었다. 그러나 격리자는 오직 한 사람, 메리뿐이었다.

오닐 변호사는 그 문제를 신랄하게 비판했다. 만약 다른 보균자들이 뉴욕시를 자유롭게 돌아다니는 현실에서 누구나 평등하게, 편견 없이 보호받아야 한다는 수정 헌법 제14조를 적용하기 힘들었다면, 메리 맬런만 예외로 골라낸 이유가 무엇이냐고.

리버사이드 병원 측을 대표하여 프레더릭 웨스트모어랜드 박사가 해명했다. "직업이 요리사였기 때문입니다. 그 환자는 위험한 사람이고 공중 보건 전반에 지속적인 위해를 가할 자라고 보

재판받을 기회를 얻다

건국은 결론 내렸던 것입니다."

보건 당국자는 법정에서도 절충안을 모색하지 않았다. 새로운 직업 기술을 배울 기회, 타인에게 질병을 옮기지 않는 방법을 익힐 기회 등을 주겠다는 제안 따위는 내놓지 않았다. 그러기는커녕 여전히 자신들에게는 공중 보건을 지켜야 할 의무만큼이나 메리를 구금할 권리도 있다는 주장을 펼쳤다. 그러고는 메리가 위험한 보균자라는 증거로 보건국 실험실의 검사 결과 통보서를 재판부에 제출했다.

오닐 변호사도 메리가 의뢰한 퍼거슨 실험 연구소의 검사 결과 통보서들을 제출했다. 보건 당국자가 낸 증거와 상반되는 것이었다. 재판부는 어느 쪽 증거를 인정할지 아니면 양쪽 증거 모두 인정하지 않을지 결정하게 될 터였다. 어떤 면에서 보면, 세균학이라는 새로운 과학도 함께 재판을 받게 된 셈이었다.

재판은 세 시간 동안 진행되었다. 주목할 만한 흥미로운 사실은 아무도 메리에게 불리한 증언을 하지 않았다는 것이다. 심지어 딸을 잃은 월터 바운 부부도 마찬가지였다. 재판이 끝난 뒤, 메리는 노스브라더섬 단층집으로 돌아가 판결 결과를 기다렸다.

메리는 그 소송이 승산 없는 무모한 도전이라는 것을 알았을지 모른다. 뉴욕시 보건국의 권한이 어디까지 미치는지, 얼마나 강력한지 이미 겪을 만큼 겪었으므로.

그나마 보건 당국 측이 건강 보균자를 모조리 격리하는 것은

위험한 요리사 메리

비현실적이고 비용이 너무 많이 든다고 시인하기는 했다. "그들 전부를 어디에 수용하란 말입니까? 메리는 리버사이드 병원에서 값비싼 공간을 차지하고 있고, 그 때문에 우리가 치르고 있는 고충과 비용이 엄청납니다." 월터 벤셀이 〈뉴욕 트리뷴〉 기자와의 인터뷰에서 이렇게 밝혔던 것이다.

게다가 메리에게 동정적인 신문 기사며 사설 들이 잇따라 보도되었다. 그런 만큼 메리도 기대감이 커졌을지 모른다. 메리를 격려해야 마땅하다는 목소리만 있는 것도 아니었다. 메리의 격리는 부당한 조치이며 새로운 직업 교육을 받도록 기회를 주어야 한다는 의견을 낸 의료 전문가들도 있었다.

그런가 하면 자칭 '신사상* 연구자'라는 어떤 남성 작가는 메리의 존재를 우려하는 보건 당국의 처사를 조롱했다. 그는 〈뉴욕 타임스〉에 기고한 글에서 이렇게 썼다. "한 불운한 여성에게 굳이 '장티푸스 메리'라는 꼬리표를 붙여야겠다면, 그 여성에게 다른 벗들을 보내 주시는 건 어떤가요? 좀 불쾌한 섬을 골라잡아 식민 사업을 벌이시는 겁니다. 섬 이름으로는 '엉클 샘**의 미운털'을 권해 드립니다. 그곳에다 홍역 새미, 편도염 조지프, 성홍열 샐리,

---

\* New Thought. 19세기에 미국에서 시작된 종교 사상이자 종교 운동. 신은 모든 곳에 존재하는 무한한 영혼이며 참된 인간 또한 그러한 신성을 지니고 있으므로, 올바르고 긍정적인 사고를 통해 온갖 질병을 치유할 수 있고 자신을 계발할 수 있다는 믿음. —역자 주
\*\* 미국을 의인화한 별칭. —역자 주

재판받을 기회를 얻다

볼거리 마틸다, 뇌막염 매슈를 모아 두세요. 장티푸스 메리도 그 곳으로 보내 놓고, 세균이라면 질색하는 모든 종교 광신도들에게 살균을 위한 기도를 올려 달라고 요청하시지요. 그다음에는 부디 미국을 의사가 다스리는 군주국으로 만들어, 미국 국기가 보장하는 영광스러운 자유를 누릴 수 있게 기도해 달라고 하십시오."

재미있는 결혼 신청을 한 남자도 있었다. 미시간에서 농사짓는 29세의 루벤 그레이는 달링턴 박사에게 보낸 편지에서 주저리 주저리 썼다. "만약 맬런 양이 저와 열 살이 넘게 차이 나는 연상이 아니라면, 세속 사회로부터 차단해야 할 또 다른 이유를 발견한 것이 아니라면, 그 여자분을 사면해 주시고 선생님께서 미시간으로 데려오셔서 여기에 거주하는 것은 현명하지 못하다고 여기는 미시간주 당국자를 만나 주신다면, 그리고 그 여자분이 제 아내가 되겠다고 한다면, 저도 기꺼이 그 여자분의 남편이 되어 주겠습니다."

그 편지에는 의무적으로 상대편에게 미리 알려 주어야 할 내용이 포함되어 있었다. "부부의 인연을 맺기 전에 그 여자분이 알아야 할 것이 하나 있습니다. 제가 정신 이상자였다는 사실입니다. 하지만 3년 전 일입니다. 그때 완치 판결을 받은 이후로 재발한 적은 없습니다."

메리는 루벤 그레이의 결혼 신청을 받아들이지 않았다.

재판이 끝난 지 3주가 지난 7월 16일에, 메리는 판결 결과를

위험한 요리사 메리

들었다. 인신 보호 영장이 기각되었다고 했다. 노스브라더섬에 메리를 구금한 것은 위법이 아니라는 게 재판부의 판결이었다. 메리는 계속 뉴욕시 보건 위원회의 보호를 받게 될 터였다.

미첼 얼랭어 판사는 판결 사유를 이렇게 밝혔다. "본 재판부는 이 불행한 여성에게 깊은 동정심을 표합니다. 그러나 질병 확산의 재발로부터 공동체를 반드시 보호해야 합니다."

메리는 엄청난 타격을 받았다. 다른 건강 보균자들은 자유롭게 돌아다니게 하면서 왜 메리에게는 허용하지 않았을까? 메리는 〈뉴욕 월드〉 기자에게 "미국에는 두 종류의 정의가 있다."고, "살인자들에게조차 허용되는 무죄 추정의 원칙마저 자신에게는 적용되지 않았다."고 말한 뒤 이렇게 덧붙였다.

"세상 모든 바닷물로 제 몸을 씻어 낸들, 보건국 사람들의 눈에 비친 제 혐의가 벗겨질까요. 그들은 저를 생색내기용으로 삼으려 합니다. 부자들을 보호해 주고 그 공로를 인정받으려는 겁니다. 저는 희생물입니다."

그래도 포기하지 않겠다면서 메리는 기자에게 다짐했다. "하늘에 하느님이 계시니, 저는 어떻게든, 언젠가는, 정당한 대우를 받게 될 겁니다."

열심히 일하면서 살아온 그 요리사는, 현재로서는 노스브라더섬에 격리되어 평생을 지내야 할 운명 같았다.

재판받을 기회를 얻다

## 13장

# 세균을 퍼뜨리지 않는 법을 배우다

노스브라더섬 단층집에 남게 된 메리는, 허먼 비그스와 조지핀 베이커와 조지 소퍼에게 편지를 보냈다. 비그스의 전기 작가에 따르면, '폭력적인 협박' 편지였다. 만약 자신이 노스브라더섬에서 끝까지 풀려나지 못하면, 맹세코 총을 들고 가서 죽여 버리겠다는 내용이었다.

소퍼와 비그스는 그 협박 편지를 받고 어떤 심정이었을지 모르겠지만, 베이커는 훗날 이렇게 썼다. "그렇게 마음먹었다고 해서 나는 메리를 탓할 수 없었다."

조지 소퍼는 편지에 관해 이런 말만 했다. "작문과 철자법에 관한 한, 메리는 편지 쓰는 능력이 대단히 뛰어났습니다. 굵은 글씨체로 또박또박 아주 가지런하게 줄을 맞춰 썼더군요."

1910년 2월 21일 월요일, 눈 내리는 날이었다. 만약 그날 비그스와 베이커와 소퍼가 〈뉴욕 타임스〉를 읽었다면, 걱정거리가 생겼을 것이다. 그 신문 18면에 짤막한 메리 관련 기사가 파묻혀 있었다. 제목은 **"풀려나는 장티푸스 메리"**였다.

세균을 퍼뜨리지 않는 법을 배우다

＋

메리가 풀려나기 이틀 전, 어니스트 J. 레덜리 신임 보건 국장이 절충안을 제시했다. 요리사를 그만두고, 접촉하는 사람들을 보호하기 위해 개인위생을 철저히 하고, 한 달에 한 번씩 보건국에 보고하라는 것이었다. 이 조건을 지키겠다고 약속하면 퇴소를 허락하겠다면서.

메리가 약속하겠다고 대답하자, 레덜리 국장은 종이를 건네며 진술서를 쓰고 서명하라고 했다. 메리의 약속을 문서화할 셈이었다.

메리는 진술서를 작성했다. "저는 리버사이드 병원에서 퇴소하면 위 직업을 바꾸겠습니다." 보건국에 보고하겠다는 내용에 이어 "제가 접촉할지 모를 사람은 단 한 명도 빠짐없이, 제가 일으킬 가능성이 있는 감염으로부터 보호할 대책을 세우겠습니다." 라고 적었다.

메리는 고집스럽게 '가능성'이라는 단어를 끼워 넣었다. 스스로 장티푸스 보균자라는 사실을 인정하도록 메리를 설득한 의사가 지금껏 아무도 없었음을 엿보게 하는 대목이다.

어쨌든 레덜리는 메리가 진술서를 작성하고 서명한 것에 만족했다. 어쩌면 그 여자에게서 벗어나게 되었다는 사실에 안도했을지 모른다. "메리가 완치된 것은 아니지만, 자가 관리법은 익혔습니다. 예방 수칙만 스스로 잘 지키면, 주변 사람들에게 위험한

148

위험한 요리사 메리

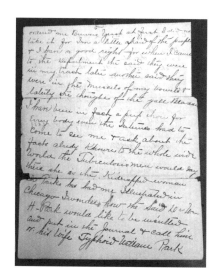

굵은 글씨체로 또박또박 아주 가지런하게 줄을 맞춰 썼고 작문과 철자법이 뛰어났다고, 조지 소퍼가 평했던 메리의 편지. 사진 촬영: 저자.

존재가 되지는 않을 겁니다. 그 점에 관해서 저는 조금도 걱정하지 않습니다."라고 그는 〈뉴욕 타임스〉 기자에게 말했다.

레덜리 국장은 메리에 대한 동정심을 내비치기도 했다. "그 여자는 앞으로 어떤 일을 하면서 살아갈까요? 실력 있는 요리사로서 수감 전까지는 늘 편안하게 살았어요. 그런 여자가 할 수 있는 일이 무엇이 있을지 정말 모르겠군요." 이 말 끝에 메리가 할 만한 일을 찾아보려고 애쓰는 중이라고 덧붙였다.

과연 메리를 고용하겠다고 나설 사람이 있을까? 뉴욕시의 주요 신문들부터 전국지들까지 메리의 이름이 신문 지면을 뒤덮다시피 했었는데? 과연 그 요리사는 '장티푸스 메리'라는 오명에서 벗어날 수 있을까?

세균을 퍼뜨리지 않는 법을 배우다

1910년 당시에는 실업 수당 따위의 정부 지원 사업이 없었다. 메리 같은 노동자들은 그냥 해고되고, 다른 노동자로 대체되었다. 그 달 임금도 받지 못했다. 퇴직 수당도 없었다. 메리는 요리 말고는 다른 기술이 없었다. 정규 교육도 받지 못했다. 메리를 맞아들일 가족도 없었다. 오로지 브레이호프뿐이었다.

그런 사정이야 레덜리 국장의 문제가 아니었다. 보건국의 문제도 아니었다. 그들은 메리를 도와주어야 할 의무감을 느끼지 않았다. 메리가 진술서를 작성하고 서명까지 한 이상, 그들이 할 일은 끝났다. 이제 메리는 사회 전체의 문제가 되었다.

"메리가 갇혀 지낸 것은 공익 때문이었습니다. 이제부터는 사회 전체가 메리를 보살펴 주어야 합니다."라고 레덜리 보건 국장은 말했다.

보건국에서 이제 더는 메리의 쓰임새가 없어진 모양이라고들 말할 법도 하다. 보건국은 메리를 대상으로 한 임상 시험과 실험실 검사들을 통해 필요한 것은 이미 다 알아냈고, 보건국 관계자들은 이미 이름을 떨치고 유명해졌기 때문이다.

조지핀 베이커는 훗날 자서전에서 이렇게 쓴다. "메리는 인류에게 위대한 봉사를 했다. 그녀의 구금을 계기로 건강 보균자를 많이 확인하게 되었다. 그러나 메리는 최초로 진료 기록을 작성한 사례였다. 바로 그 특별한 차이점 때문에 평생 구금이라는 대가를 치렀다."

위험한 요리사 메리

1910년 2월 19일, 메리는 조용히 몇 가지 안 되는 짐을 꾸렸다. 그리고 마침내 이스트강을 가로질러 맨해튼으로 실어다 줄 연락선에 올라탔다.

강물은 갈색 흙빛이었고 얼음처럼 찼다. 물살은 거셌다. 바람은 차가웠지만 상쾌했다. 거의 3년 만에 메리 맬런은 자유로운 몸이 되었다.

✝

그로부터 1년 동안, 메리는 정기적으로 뉴욕시 보건국에 보고했다. 남이 먹을 음식에는 손대지 않았다. 요리사로 일하지도 않았다. 편지로 협박했던, 비그스도 베이커도 소퍼도 죽이지 않았다.

그러나 메리는 생계를 이어 갈 일이 막막했다. 레덜리 국장이 약속대로 세탁부 자리를 주선해 주었다. 빨래는 육체적으로 고된 가사 노동인 반면에 급료는 가장 적었다. 세탁부는 녹말풀도, 표백제도, 세제도 손수 준비해야 했다. 물을 끓이고 무거운 물통을 들어 옮기는 일도 직접 해야 했다.

그때 메리는 41세였다. 메리와 동갑인 1869년생의 평균 수명이 50세가 채 안 되던 시절이었다. (현재 40세인 현대인들의 평균 수명은 약 80세이다.) 요리사로 일하면서 메리가 받은 급료는 꽤 높았다. 늘 높은 임금을 받던 시절을 그리워했을 만도 했다. 임금이 높은 여성 일자리는 매우 드물었다.

세균을 퍼뜨리지 않는 법을 배우다

메리를 아는 사람들에 따르면, 메리는 책을 무척 많이 읽었다. 일간 신문, 특히 〈뉴욕 타임스〉는 거의 하루도 거르지 않고 꼬박꼬박 읽었다. 그렇다면 1910년 12월 2일 자 〈뉴욕 타임스〉에 실린 **"걸어 다니는 장티푸스 공장의 여행안내"**라는 제목의 기사도 읽었을 개연성이 높다. 뉴욕주 북부 애디론댁산맥의 어느 산속에 사는 남자에 관한 기사였다. 그 남자가 장티푸스를 옮긴 관광객은 36명이었고, 그중 2명이 사망했다.

그 기사는 절반이 넘는 분량을 메리 맬런에게 할애했다. 문제의 산사람은 체포되지 않았다. 이와 관련하여 뉴욕주 보건국은 이렇게 밝혔다. "우리 주에는 장티푸스 보균자가 전염성 질병을 퍼뜨리는 것을 막을 수 있는 법률이 없습니다."

'장티푸스 존'으로 알려진 그 남자는 치료를 받겠다고 했다. 그에 따라 뉴욕시 보건국은 최대한 빨리 '거처'를 구해 주기로 했다. 메리 맬런과 달리, 장티푸스 존은 익명으로 지냈고 신문 지면에서도 금방 사라졌다. 메리는 부디 자신의 이름도 그처럼 소리 소문 없이 사라져 주기를 간절히 바랐을 것이다.

그 이듬해인 1911년 5월에, 브레이호프가 심장 발작을 일으켰다. 메리의 도움으로 입원했으나, 얼마 후 병원에서 사망했다. 그 일로 메리는 또다시 엄청난 타격을 받았다. 4년 전에 브레이호프가 자신을 소퍼에게 팔아넘긴 일도 깨끗이 용서했었다. 메리가 구금 생활을 하는 내내 꿋꿋이 도와준 사람이었다. 메리의 표

위험한 요리사 메리

본들을 퍼거슨 실험 연구소에 전달해 준 장본인이기도 했다. 그런 친구가 이제는 죽고 없었다.

그해 말, 메리는 오닐 변호사에게 도움을 청했다. 그리고 뉴욕시와 뉴욕시 보건 위원회를 상대로 제기할, 불법 구금에 따른 손해 배상 청구 소송의 대리인으로 그를 고용했다. 불법 구금 및 시민권 침해를 이유로 메리가 청구한 금액은 5만 달러였다.

보건 위원회가 요리를 직업으로 삼지 못하게 했다는 메리의 주장에 따라, 오닐 변호사는 소장에 "원고가 생계를 꾸려 나갈 기회가 크게 줄었다."고 적었다.

〈뉴욕 아메리칸〉은 이렇게 보도했다. "이 소송 사건은 보건 위원회의 권한 범위가 어디까지인지, 법원에서 발부한 영장 없이 한 사람을 구금할 수 있는 법적 권리가 보건 위원회에 있는지 보여 줄 것이다."

오닐 변호사는 이렇게 말했다. "만약 지방 자치 정부가 법원 영장 없이, 다시 말해 법적 절차를 따르지 않은 채, 몇몇 의료인의 말을 근거로 삼아 누구든지 철창에 가둘 수 있다면, 그것은 심각한 문제입니다."

소장을 제출하고 나서, 오닐 변호사는 보건 위원회가 가진 경찰권의 위험성을 경고했다. "만약 보건 위원회가 보균자라고 알려져 있을 뿐 발병한 적이 없는 사람에게 그런 행동을 취할 수 있다면, 언젠가는 장티푸스에 걸린 수천수만 명이 구금될 날이 올

세균을 퍼뜨리지 않는 법을 배우다

수도 있습니다. 보건 당국자들도 동의하듯이, 장티푸스에서 회복된 이후로도 꽤 오랫동안 그 질병을 입증할 증거들은 몸속에 남아 있으니까요."

그러나 그 민사 소송은 법정에도 가지 못했다. 오닐 변호사가 메리에게 알려 준 바에 따르면, "민사 소송을 제기할 권리를 얻지 못했다." 재판부가 원고의 청구를 각하했기 때문이다. 메리의 손해 배상 청구가 마땅한지 판단할 만한 증거가 부족하다는 것이 이유였다.

✞

메리는 퇴소할 때 약속한 조건들을 성실하게 지키면서 힘겹게 일자리를 찾아 겨우겨우 생계를 이어 갔다. 그러는 동안에도 조지 소퍼와 보건 위원회에 소속된 의사들은 '장티푸스 메리'를 주제로 강연을 계속했다. 소퍼는 메리를 발견하고 구금한 공로를 거듭거듭 인정받았다. 신문이며 학술지 들에도 소퍼의 이름이 속속 등장했다.

조지 소퍼와 허먼 비그스는 1912년 9월 26일, 워싱턴 D.C.에서 열린 '국제 위생 대회'에 연설자로 참석했다. 대회가 진행되는 내내, '장티푸스 메리'라는 이름이 참석자들 입에 자주 오르내렸다. 이제 메리의 사례는 전 세계에 알려졌다고, 〈뉴욕 타임스〉는 보도했다.

위험한 요리사 메리

메리는 공인도 아닌 민간인이었다. 자신이 입 밖에 낸 적도 없는 자기 이야기가 세상에 공개된 것이 억울했을 터였다. 신문에 실린 자기 이름을 보면서 치욕스러웠을 터였다. 틀림없이 모두가 몰래 엿보는 또 다른 구경거리가 된 심정이었을 터였다.

'국제 위생 대회'가 끝난 그해 가을 무렵부터 메리는 뉴욕시 보건국에 보고하는 일을 중단했다. 정확한 시점은 아무도 모른다.

'장티푸스 메리'라는 이름은 여전히 뉴욕시 신문들에 가끔씩 등장했다. 그러나 정작 메리가 잠적한 사실은 아무도 알아채지 못했다. 소퍼도, 비그스도, 파크도, 베이커도 몰랐다.

아마 〈뉴욕 타임스〉를 읽은 사람들도 마찬가지였을 것이다. 1914년 11월 29일 자 〈뉴욕 타임스〉 C면 2쪽에 "장티푸스 보균자들"이라는 제목으로 실린 기사의 끝부분을 놓쳤을 개연성이 컸다.

거기에는 이렇게 쓰여 있었다. "일명 '장티푸스 메리'라고 불리는 여자가 현재 종적을 감췄다고 한다. 보건국은 이번에도 그 여자가 그 전염병의 진원지가 되어서야 찾아낼 것인가?"

메리 맬런이 어디에서 무슨 일을 하며 살고 있는지 아는 사람은 아무도 없었다.

세균을 퍼뜨리지 않는 법을 배우다

## 14장

# 위생 경찰 부대가 파견되다

섬뜩한 사건이 터졌다. 맨해튼에 있는 슬론 여성 병원에서 장티푸스가 급속도로 번진 것이다. 그 병원에는 의사 8명, 간호사 73명, 기타 직원 75명, 여성 입원 환자 123명이 있었다. 게다가 신생아실에서는 갓 태어난 아기들이 앙앙 울어대고 있었다.

그 병원에서 1915년 1월부터 2월에 걸쳐 발생한 장티푸스로 총 25명이 감염되었다. 입원 환자가 1명이고, 나머지 24명은 병원 의료진과 직원들이었다. 그중 2명이 사망했다.

병원 관계자들은 속수무책이었다. 어떻게 그처럼 엄청난 전염병이 발생했는지 기막힌 노릇이었다. 슬론 여성 병원은 평판이 아주 좋았다. 시설 관리도 잘했고, 청결 유지에도 철저했다. 병원 환경 위생 조치도 모두 취했고 개인위생 수칙도 잘 지켰다. 그 여성 병원은 컬럼비아 대학교 내과 및 외과 대학의 재학생들을 교육하는 시범 병원이기도 했다.

그런데도 장티푸스가 발생했던 것이다. 그나마 최악의 상황을 막을 수 있었던 것은 1911년에 개발된 장티푸스 예방 백신 때

위생 경찰 부대가 파견되다

문이었다. 병원 직원 상당수가 백신 접종을 받았거나 자연스럽게 면역이 생긴 사람들이었던 것이다.

그러나 에드워드 크래긴 내과 과장을 비롯한 병원 전 직원에게는 장티푸스 발생 자체가 수치스럽고 난처한 일이었다. 난처해도 여간 난처한 일이 아니었다.

보건 위원회에서 파견한 검사관들이 우유를 비롯한 식품들을 검사했지만 감염 원인은 찾지 못했다. 조지 소퍼 식으로 말하자면, 그 병원에 필요한 것은 노련한 전염병 퇴치사의 도움이었다. 크래긴은 조지 소퍼에게 전화를 걸었다. 즉시 와 달라고 부탁하면서 '대단히 중대한 문제'라고 했다.

소퍼는 곧바로 병원으로 갔다. 크래긴은 자기 방으로 소퍼를 안내한 뒤, 그 이상야릇한 장티푸스 발생 사건에 관해 은밀하게 털어놓았다.

소퍼는 음식물과 수돗물, 조리실 직원에 관해 물었다. 크래긴이 들려준 바로는, 첫 환자가 발생하기 3개월 전에 요리사를 새로 고용했다. 1914년 10월쯤이었다. 솜씨도 뛰어나고 일도 열심히 하는 좋은 요리사였다. 자기 얘기는 별로 안 했지만, 의사며 간호사며 다른 직원이며 환자 들이 하나같이 그 요리사가 만든 음식과 후식을 좋아했다. 듬직한 요리사였고, 아픈 적도 없었고, 인기도 많았다. 이름은 브라운 부인이었다.

장티푸스가 발생했을 때 병원 직원들이 브라운 부인을 놀렸

위험한 요리사 메리

다고도 했다. 짓궂게도 그 요리사에게 '장티푸스 메리'라는 별명을 지어 주었단다.

소퍼가 브라운 부인을 만나게 해 달라고 했지만, 이미 병원을 그만둔 뒤였다. 행방을 아는 사람도 없었다. 그런데 때마침 크래긴이 그 요리사에게 받은 편지 한 통을 갖고 있었다. 소퍼는 메리의 글씨체를 알아볼 수 있었을까?

몇 해에 걸쳐 메리에게 편지를 받았으니, 한눈에 알아볼 가능성은 있었다. 아닌 게 아니라 소퍼는 굵은 글씨체로 또박또박, 아주 가지런하게 줄을 맞추어 쓴 편지를 알아보았다.

"그 요리사가 다름 아닌 메리 맬런이라는 것을 단번에 알았어요."라고 소퍼는 말했다.

✝

조지핀 베이커 박사가 전한 이야기는 달랐다. 브라운 부인이 메리 맬런이라는 사실을 확인한 것은 자신의 공이라고 했다. 장티푸스 발생 소식을 듣자마자 그 병원으로 갔으며, 도착해서 곧장 조리실로 갔다는 것이다.

"아니나 다를까, 메리가 그 병원 조리실에서 밥벌이하면서 산모와 아기, 의사와 간호사 들에게 장티푸스균을 뿌려 대고 있었던 겁니다. 죽음의 사자처럼."이라고 베이커 박사는 말했다. 지체 없이 보건 당국에 비상사태를 알린 것도 자신이라고 했다.

159

위생 경찰 부대가 파견되다

신문 보도 내용은 또 달랐다. 〈뉴욕 선〉에 따르면, 병원 경영진은 장티푸스 발생 원인을 찾을 목적으로, 2월에 조리실 직원은 빠짐없이 대변 표본을 제출하라는 지시를 내렸다. 메리도 따를 수밖에 없었다.

실험실에 검사를 의뢰한 결과, 1건만 빼고 모든 표본이 음성으로 나왔다. 그 1건이 바로 문제의 요리사 표본이었는데, 장티푸스균이 '아주 조금' 검출되었다. 그런데 "조치를 취하기 직전에, 희한하게도 그 요리사가 사라졌다."고 했다.

베이커와 소퍼와 신문이 전한 이야기는 각기 달랐지만, 결론만큼은 똑같았다. 누구에게든 붙잡히기 직전에, 메리가 슬그머니 병원을 빠져나갔다는 것이다.

✝

1915년 3월 26일 금요일이었다. 메리가 처음 체포된 날로부터 8년쯤 지난 그날, 한 순경이 코로나에서 '베일 쓴 여자'가 어느 집으로 들어가는 것을 보았다고 신고했다. 코로나는 롱아일랜드에 있는 소도시였다.

그 순경은 독특한 걸음걸이로 보아 틀림없는 '장티푸스 메리'라고 했다. 기자들은 극적인 이야기까지 곁들여서 상세히 보도했다. "죽음을 부르는 손으로 정성스레 직접 만든" 젤라틴 한 그릇을 들고 친구네 집으로 들어갔다고도 했고, 그 집은 개들이 지키

위험한 요리사 메리

1920년 삽화. 하녀가 빗자루로 장티푸스균을 쓸어서 공중으로 날리는 동안, 모자 달린 긴 망토를 입은 죽음의 사자가 커다란 낫을 옆구리에 낀 채 두 손을 비비며 서 있다. 이 그림을 통해 당시 사람들은 여전히 세균론을 이해하지 못했으며, 가사 노동자들에게 두려움을 갖고 있었다는 사실을 엿볼 수 있다. 미국 국립 의학 도서관 제공.

고 있었다고도 했다.

〈뉴욕 선〉 보도에 따르면, 신고한 순경은 당장 지원군을 보내 달라고 요청했다. 위생 경찰 부대가 급파되었다. 위생 경찰들이 집을 에워싸고 나서, 위생 경찰 한 명이 초인종을 눌렀다. 갓길에 세워 둔 차 속에는 신속하게 체포할 준비를 하고 대기 중인 위생 경찰이 더 많았다.

아무도 문을 열어 주지 않았다. 또 다른 위생 경찰이 사다리를 찾아 와서 담에 기대 세웠다. 그러고는 사다리에 올라서서 미닫이창을 열고 안으로 들어갔다. 그 순간 맞닥뜨린 것은 무시무시한 폭스테리어와 불도그 두 마리였다. 다행히도 고기 한 덩이를 챙겨 온 위생 경찰이 고깃덩이를 던져 주자 "개들은 우호적인 휴전을 제의했다."

그런가 하면 몇몇 신문은 위생 경찰이 메리가 막 들어간 화장실에 들이닥쳤다고 보도했다. 위생 경찰이 위층을 방방이 수색해 나가다가 화장실에서 웅크리고 있는 메리를 발견했다고 보도한 신문들도 있었다.

그때 메리는 46세였다. 싸울 기력도 없을 나이였다.

"메리는 여전히 힘이 좋았습니다. 그러나 젊은 시절에 남달리 팔팔하던 기운과 민첩성은 현저하게 떨어졌더군요."라고 소퍼는 말했다.

1915년에 메리는 리버사이드 병원의 단층집으로 되돌아갔

위험한 요리사 메리

다. 풀려난 지 4년 만이었다. "이번에는 종신형을 받고 노스브라더섬으로 돌아가야 했어요. 우리를 믿지 못한 것이 메리의 비극이었습니다."라고 베이커 박사는 말했다.

✝

메리 맬런은 왜 임시 퇴소 조건들을 어기고 여성 병원에 취업했을까. 본인이 그 이유를 직접 밝힌 적은 없었다.

미루어 짐작건대, 브레이호프가 사망한 이후 경제적으로 쪼들리지 않았을까. 예전에 거래했던 직업소개소들에서 일자리를 소개해 주었을 리 만무했다. 메리 맬런이라는 이름을 쓰는 요리사를 고용할 사람도 없었을 터였다.

메리 브라운, 마리 브레쇼프, 메리 브레이호프 따위의 이름을 쓰면 상황이 달라졌을 것이다. 조지 소퍼는 메리가 그런 가명들을 사용했다고 주장했다. 그 밖에 확인되지 않은 이름들을 썼을 가능성도 있다고 했다.

메리가 가명들로 위장해서 브로드웨이의 레스토랑, 사우샘프턴의 호텔, 헌팅턴의 여인숙, 뉴저지의 고급 호텔, 뉴저지의 요양원, 값싼 하숙집 등에서 요리사로 일했다는 것이 소퍼의 주장이었다. 그 결과 어린이 두 명을 포함하여 여러 사람이 감염되었다고 했다. 그러나 소퍼는 자신의 주장을 뒷받침할 증거 기록은 전혀 없었고, 본인도 그 사실을 시인했다.

**163**

자신이 그 치명적인 세균을 배출하고, 그 때문에 다른 사람들이 감염되고 장티푸스에 걸린다는 사실을, 혹시 메리가 정말로 몰랐던 것은 아닐까?

조지 소퍼에 따르면 그럴 가능성은 없었다. "메리는 머리도 몸도 둔하지 않습니다. 실제로 발병 사례들을 직접 본 사람이기도 합니다. 그런데도 사태의 심각성을 이해하지 못했다는 건 말이 안 됩니다."라고 그는 말했다.

메리의 뻔뻔스러움에 소퍼는 분개했다. "그 여자는 병원이든 어디든 망설임 없이 일하러 다니다가 끝내 여성 병원에서 300여 명이 먹는 음식까지 오염했을 가능성이 큽니다."

✝

이번에는 메리 맬런에게 연민을 느끼는 사람이 별로 없었다. 1915년 3월 29일 자 〈뉴욕 트리뷴〉은 이렇게 비난했다. "그 여자는 5년 전에 자유롭게 살 수 있는 기회를 얻었다. 이제는 측은지심을 느낄 수 없게 되었다." 며칠 뒤 〈뉴욕 타임스〉도 "날마다 세균을 섞어 음식을 만드는 여자가, 우리 곁에 있었다."고 논평했다.

며칠 만에 메리 이야기는 전국 신문들의 1면을 장식했다. 워싱턴주의 지역신문 〈타코마 타임스〉는 1915년 4월 6일 자 보도에서, 뉴욕시 보건 당국이 "더한층 과학적이고 더한층 치명적인 마법을 부린" 현대판 마녀를 생포했다는 주장까지 펼쳤다. 그러

위험한 요리사 메리

면서 "그 여자에게는 가마솥이 따로 필요 없다. 지역사회에 퍼뜨릴 독약을 자기 몸속에서 제조하는 까닭이다."라고 썼다.

조지 소퍼는 메리를 위한 제안을 내놓기도 했다. "메리가 박해받고 있다는 생각을 버리고 자신의 지난날에 관해 몇 가지만 대답해 주면, 제가 여러모로 도움을 줄 수 있을 겁니다."

지금까지 메리가 공평한 대우를 받아 왔다는 주장을 굽히지 않았던 소퍼. 그가 이번에는 형사법 용어까지 들먹이면서 메리의 상황을 설명했다. "그 여자는 특별한 거주 공간에서 자유롭게 지내다가 임시 퇴소 허가까지 받았어요. 그런데 그 특전을 악용한 겁니다. 서약했던 퇴소 조건들을 어겼어요. 그 여자는 위험인물이므로 그에 상응하는 대우를 받아야 마땅합니다."

소퍼는 메리에게 분개했다. 슬론 여성 병원의 환자들과 의료진의 목숨을 위태롭게 했으므로. 소퍼는 메리에게 넌더리를 냈다. 의학계와 과학계가 세균과 질병과 감염에 관해 더한층 이해할 수 있도록 도와야 마땅하건만, 끝까지 거부했으므로.

"그 문제와 관련해서 메리는 제게 아무런 도움을 주지 않았습니다. 그 여자의 불행한 상태에 관해 이해하려고 애쓰는 그 누구도 도와준 적이 없어요. 특히나 자기 자신에 관한 얘기는 한마디도 안 했죠."

그런 행동 때문이었다고 소퍼는 말했다. 그래서 "세상 사람들이 메리에게 친절을 베풀지 않은 것입니다."라고.

위생 경찰 부대가 파견되다

## 15장

# 심지가 약했다면
# 무너졌을지 모른다

메리는 또다시 노스브라더섬에서 홀로 살았다. 또다시 단층집에서 홀로 식사했다. 곁에는 강아지 한 마리뿐이었고, 섬을 산책할 자유밖에 누리지 못했다.

보건 당국자들은 메리를 가리켜 '감정 기복이 심한, 우리에 갇힌 살쾡이' 같다고 했다. 윌리엄 핼록 파크 박사는 주간지 〈뉴요커〉의 프리랜서 언론인 스탠리 워커와의 인터뷰에서, 메리가 협조를 거부할지라도, 자신들은 여전히 메리를 돕기 위해 힘쓰고 있다고 밝혔다.

파크 박사는 메리를 치료하기 위해 장티푸스균 50억 마리나 60억 마리를 주사하는 방법을 시도했다고 밝혔다. 이와 관련하여 스탠리 워커는 "그들은 장티푸스균 10억 마리는 메리의 피부밑에 주사하고, 나머지 수십억 마리는 알약으로 만들어 주었다."라고 보도했다.

메리는 알약을 복용하지 않고 숨겨 두었다가 몰래 버렸다. 그 사실을 파커 박사는 나중에야 알았다. 이에 대해 스탠리 워커는

심지가 약했다면 무너졌을지 모른다

"보건 위원으로 활동하는 의사들은 메리의 치료법이 임상 시험이었다고 시인한다. 효과를 거두지 못할 가능성도 있었다."라고 보도했다.

그들이 시인한 사실은 또 있었다. 메리의 쓸개를 제거하더라도 완치되지 않을 가능성이었다. 경우에 따라서는 수술 도중에 장티푸스균이 다른 장기로 옮아가서, 계속 번식할 수도 있다는 얘기였다.

"아무튼, 메리는 의사들이 자신을 함부로 다루어도 그냥 받아들여야 한다는 발상이 싫었던 것이다. 메리만큼 심지가 굳지 못한 사람이었다면 쉽게 무너졌을지 모른다. 메리만큼 똑똑하지 못한 사람이었다면 의료진이 쉽게 망가뜨렸을지 모른다." 이것이 스탠리 워커가 내린 결론이었다.

✝

보건 관계자들이나 자신을 노스브라더섬으로 강제 이송한 책임자들에게, 메리는 비우호적으로 굴고 분개했을지 모른다. 정보가 필요했던 소퍼에게는 비협조적인 사람이었을지도 모른다. 그러나 메리가 이야기를 나누고 친하게 지낸 이들도 있었다. 그 사람들이 기억하는 메리는 자신의 과거를 캐묻지 않는 한 상냥한 여자였다.

조지 에딩턴은 메리가 구슬로 직접 만든 물건을 팔았던 때를

위험한 요리사 메리

노스브라더섬에 있던 메리 맬런의 단층집. 뉴욕 시청 기록관 제공.

메리가 격리되어 지내던 단층집 내부. 탁자, 의자, 수건으로 덮여 있는 재봉틀, 실타래 들이 보인다. 늘 기웃거리는 사진사들이 몰래 사진을 찍지 못하도록 메리는 커튼과 가리개를 계속 쳐 두었다고 한다. 뉴욕 시청 기록관 제공.

기억하고 있었다. 그는 자신의 어머니가 노스브라더섬의 의사 식당에서 웨이트리스로 일했다면서, "메리가 작고 파란 구슬로 만든 초커 목걸이를 우리 어머니는 오랫동안 걸고 다니셨어요."라고 말했다. 메리가 케이크를 구워서 그 섬에서 일하는 여자들에게 팔았던 일도 생각난다고 했다.

뉴욕시 보건국에서 메리에게 케이크 만드는 일을 허용했을 리 없을 테지만, 누가 알겠는가. 어쩌면 메리가 진짜로 케이크를 만들었을 수도 있다. 어쩌면 한때 요리사로 편안하게 살았던 메리를 동정하고 인정을 베푸는 마음으로 케이크를 팔아 주었을 가능성도 있다. 케이크는 일반적인 오븐에서 대개 섭씨 180도로 굽는데, 그 온도에서는 장티푸스균이 완전히 죽기는 할 것이다.

메리는 숱한 책을 읽으면서 시간을 때웠다. 〈새터데이 이브닝 포스트〉, 〈하퍼스〉, 〈굿 하우스키핑〉, 〈레이디즈 홈 저널〉 따위의 잡지를 보고, 소설도 즐겨 읽었다. 특히 찰스 디킨스 작품을 많이 읽었고, 〈뉴욕 타임스〉는 거르는 법이 없었다.

만약 메리가 〈뉴욕 타임스〉를 날마다 읽었다면, 자신보다 훨씬 많은 사람을 감염되게 한 건강 보균자들에 관해 알았을 것이다. 뉴욕시 보건국은 1922년에 토니 라벨라라는 농장 노동자에게 식품 취급 금지 조치를 내렸다. 그가 보건국의 명령을 무시한 결과 87명이 장티푸스에 걸렸고 그중 2명은 끝내 사망했다. 라벨라는 뉴욕시에서 도망쳐 뉴저지주 뉴어크에서 일자리를 구했다.

위험한 요리사 메리

그곳에서 또다시 장티푸스 환자 35명이 발생했고 그중 3명이 사망했다. 그런데 라벨라는 고작 2주간 격리되었다가 풀려났다. 장티푸스 건강 보균자로 알려진 또 다른 6명도 그해 뉴욕시에서 도망쳤다.

1924년에는 빵집 겸 식당을 운영하는 앨폰스 코틸스라는 남자가 건강 보균자로 확인되었다. 보건국에서 식품 취급을 금지했지만, 그 제빵사는 딸기 쇼트케이크를 만들다가 현행범으로 붙잡혔다.

판사는 코틸스의 유죄가 인정된다면서도 선고 유예를 내린 사유를 이렇게 밝혔다. "나는, 이 남성의 건강을 빌미로 삼아, 법정 구금형을 내릴 수 없습니다. 아무리 필요하다고 생각될지라도, 경찰권을 행사하는 것은 보건국에 부담이 될 터이므로 선고를 유예하고자 합니다." 보건국은 코틸스에게 보호 관찰 처분만 내렸을 뿐 후속 조치를 취한 적은 없었다.

1928년에는 브루클린에서 제과점을 운영하면서 23명에게 병을 옮긴 남자가 리버사이드 병원에 격리 처분을 받았다. 프레더릭 모슈라는 그 남자를 메리도 만났을지 모른다. 그가 건강 보균자로 확인된 것은 13년 전이었다. 59명이 감염되는 장티푸스 사례가 발생한 직후 추적 조사 결과, 그가 만든 아이스크림이 원인으로 밝혀졌던 것이다.

그 당시 보건국은 모슈에게 특별 처분을 내리는 관대함을 베

심지가 약했다면 무너졌을지 모른다

풀었다. 자식이 넷인 데다 아내까지 건강이 좋지 않다는 것이 이유였다. 처음 격리되었을 때 메리가 받은 것과 똑같은 약물 치료를 받긴 했지만, 자택 거주를 허용해 주었다. 물론 보호 관찰 기간에 식품 취급은 금지되었다. 그런데 메리처럼 서약을 어기고 1928년에 제과점 일을 다시 시작했던 것이다.

모슈는 1944년에 노스브라더섬을 떠났다. 메리와 달리, 섬에서 지내는 동안에도 별다른 주목을 받지 않았다. 몰래 사진을 찍는 기자도 없었고, 신문 기사에도 등장하지 않았다. '장티푸스 프레더릭' 같은 별명으로 불리지도 않았다.

격리 생활을 하는 동안에도, 모슈는 리버사이드 병원에서 간호조무사로 일하는 대신 뉴욕시 보건국에서 급료를 받았다. 퇴소 이후에는 보건국에서 교육을 받은 뒤 브루클린의 어느 병원에 정식으로 취직했다.

다른 남성 장티푸스 보균자들이 그랬듯, 모슈도 법률 집행 기관과 언론계로부터 메리와는 아주 다른 대우를 받았던 것이다.

메리는 허먼과 베이커에게 협박 편지를 계속 보냈다. 베이커는 1910년에 메리가 풀려난 뒤로 불안에 떨었다면서 어느 기자에게 이렇게 털어놓았다. "메리가 자유로운 생활을 했던 몇 년 동안, 제 마음속에는 늘 불안감이 도사리고 있었어요."

자유는 빼앗겼지만, 메리는 새로운 친구도 사귀고 예전에 알고 지낸 사람들과도 다시 가깝게 지냈다. 1907년에 만난 리버사

위험한 요리사 메리

이드 병원의 간호사 애들레이드 오프스프링, 의사 식당에서 일하는 조지 에딩턴의 어머니, 오래도록 두터운 우정을 쌓고 편지를 주고받게 되는 아델 리들리, 아일랜드 말씨를 쓰고 운송을 담당하는 중년 남자 톰 케인, 오랫동안 친분을 쌓은 롱아일랜드에 사는 램피 가족, 가톨릭 성직자인 마이클 루시 신부가 그들이었다.

✝

1918년에 메리는 리버사이드 병원 측에서 제안한 잡역부 일자리를 받아들였다. 월급은 고작 12달러 정도였지만, 특별한 혜택이 있었다. 그해부터 보건 당국이 섬 밖으로 나갈 수 있는 당일치기 휴가를 허락했던 것이다.

어느 실험실 연구원에 따르면, 메리는 섬 밖으로 휴가를 갈 때면 멋진 원피스에 모자를 쓰고 지갑을 든 차림새였다고 한다. 섬을 벗어난 메리는 쇼핑도 하고 친구들도 방문했다. 처음에는 주로 램피 가족을 찾아갔지만, 차츰 만나는 친구가 많아졌다. 메리는 그날로 꼬박꼬박 돌아왔지만 어디를 가고 누구를 만났는지에 관해서는 아무에게도 알려 주지 않았다.

항상 듬직한 일꾼으로서, 메리는 '잡역부'로 시작해 '간병인'을 거쳐 '간호조무사'가 되기까지 7년 동안 병원에서 일했다.

1925년에 새로운 레지던트 알렉산드라 플라브스카가 임상 실습을 하기 위해 섬에 도착했다. 플라브스카는 메리를 실험실

173

심지가 약했다면 무너졌을지 모른다

조수로 고용하고, 실험 작업의 기본 지식들을 가르쳐 주었다.

메리는 지각하는 법이 없었다. 매일 아침 계단을 올라가 실험실로 들어갔다. 실험실에는 메리의 책상과 작업 공간도 따로 있었다. 메리가 주로 한 일은 병리학자들이 현미경으로 표본 검사를 할 때 쓰는 깔유리와 덮개 유리를 준비하고, 기록들을 관리하고, 유리병 따위의 실험 도구들을 세척하는 것이었다. 월급은 50달러 정도였다.

메리에게는 그 일이 소중했고, 두 여자는 친한 친구가 되었다. 푸딩이나 케이크를 만드는 일과는 성격이 달랐지만, 메리는 실험실에서 하는 일에 흥미를 느꼈다. 스탠리 워커는 〈뉴욕커〉에 기고한 글에서 "메리는 두뇌가 뛰어나지는 않았지만, 철저하고 신중했다. 열의와 조심성이 있었다."라고 썼다.

1927년에 플라브스카는 임상 실습을 마치고 섬을 떠났다. 메리는 그 친구를 그리워했다. 그나마 플라브스카가 어린 딸 줄리와 함께 사는 집을 자주 찾아갈 수 있었다. 메리가 방문할 때면 줄리는 작은 선물도 주고 저녁식사 시간까지 함께 지냈다.

줄리는 이렇게 말했다. "메리는 한 가족이나 다름없었어요. 우리는 정말로 메리를 사랑했어요. 제게는 감탄스러운 사람이라서, 언제나 애정 어린 눈으로 바라보게 되더군요. 노인이지만 매력적이고, 참 따뜻하고 다정했거든요. 그리고 항상 어떤 식으로든 도움을 주려고 애썼어요. 그러니까, 원피스 치맛단 감치기를

위험한 요리사 메리

해 준다거나 그런 일이요." 두 모녀는 메리가 가고 나서 그릇들을 깨끗이 문질러 닦은 뒤 삶았다.

메리는 말년에 알렉산드라 플라브스카를 '아름다운 사람'이라고, 자신에게 항상 친절했으며 '자신을 믿어 준' 사람이라고 설명했다. 줄리 플라브스카는 이렇게 말했다. "고의로 저지른 잘못도 아닌데 평생을 그렇게 살아야 하다니 참담한 일이죠. 음식에 독을 탄 것도 아니고, 그저 장티푸스균을 조금 옮겼을 뿐인데."

✠

1932년 9월 23일. 이날 메리는 63세가 되었다. 그로부터 두 달 반이 지난 12월 4일, 메리가 출근하지 않았다. 병원 실험실에 근무하는 세균학자 에마 골드버그 셔먼은 그날 일을 이렇게 회고했다. "메리는 거의 언제나 실험실 문을 열기도 전에 먼저 와서 나를 기다리고 있었어요."

셔먼은 걱정스러운 마음에 실험실을 나서서 부랴부랴 메리의 단층집으로 갔다. 아무리 문을 두드려도 대답이 없자, 직접 문을 열었다. 실내는 어두웠고 커튼은 모두 내려져 있었다. 악취가 풍기고 집 안은 어질러져 있었다.

"맬런 씨! 맬런 씨!"

셔먼은 그렇게 부르고 나서야 끙끙거리는 소리를 들었다. 메리가 바닥에 누운 채 신음하고 있었다. 몸 오른쪽이 마비되어 움

심지가 약했다면 무너졌을지 모른다

쭉달싹하지 못하는 상태였다. 뇌졸중을 일으킨 것이었다.

메리는 리버사이드 병원 어린이 병동으로 옮겨졌다. 그때부터 6년 동안 메리는 그곳에서 자리보전하게 된다.

플라브스카 모녀는 꾸준히 메리를 병문안했다. "뇌졸중을 일으켰지만 우리를 잘 알아보았어요. 몸만 움직이지 못했을 뿐이죠. 어쩌면 메리가 자신은 이 세상에서 외톨이라는 생각을 떨쳐낼 수 있는 것 중에 하나가 병문안이었을 거예요. 그렇게 생각하는 건 너무 비참한 일이잖아요. 너무너무." 줄리가 말했다.

마이클 루시 신부와 렘피 가족도 병문안을 왔다. 병원의 연락선을 타고 이스트강을 건너와서 침대 곁에 앉아 메리의 말벗이 되어 주었다.

1938년 9월 23일. 뇌졸중으로 입원한 지 6년쯤 흐른 이날, 메리는 69세가 되었다. 6주 후 메리의 병세가 악화되었다. 폐렴까지 겹친 탓이었다.

임상 실습을 마치고 섬을 떠났던 애들레이드 제인 오프스피링은 다시 돌아와서 친구 곁을 지켰다. 1938년 11월 11일 자정 직후에, 메리는 사망했다.

그제야 메리는 노스브라더섬을 떠나는 마지막 길에 올랐다. 메리의 시신을 넣은 관은 연락선에 실려 이스트강을 건너, 브롱크스에 있는 세인트루크 로마 가톨릭교회로 이송되었다. 그곳에서 메리의 장례 미사가 열렸다.

위험한 요리사 메리

장례 미사에 참석한 조문객은 아홉 명이었다. 기자들은 그 가톨릭교회로 몰려들었다. 그들은 영구차와 조문객 뒤를 따라 세인트레이먼드 공동묘지까지 갔다. 그곳에 메리는 묻혔다. 메리의 친구들은 공동묘지까지 따라온 기자들에게 자기 신분을 끝내 밝히지 않았다. 메리의 사생활을 지켜 주기 위해서였다.

조문객 아홉 명 속에는 알렉산드라 플라브스카와 줄리도 끼어 있었다. 줄리는 훗날 이렇게 회고했다. "그 공동묘지와 그곳의 적막감이 지금도 기억나요. 우리는 모두 누군가가 필요합니다. 메리의 그런 욕구를 채워 준 사람이 우리 엄마였던 것 같아요. 엄마도 살아생전에 메리를 무척 그리워했을 거예요."

심지가 약했다면 무너졌을지 모른다

글을 마치며

메리 맬런의 생애에 관한
글들을 되짚어 본다

뇌졸중을 일으킨 이듬해 여름인 1933년 7월 14일에, 메리는 변호사를 불러 달라고 청했다. 메리가 병원에서 받은 급료를 모은 돈이 4,800달러(요즘으로 치면 약 6만 3,100달러) 남짓했다. 그 저축액을 포함하여 자신의 재산을 분배하고 빚을 청산하는 문제를 유언으로 남기고 싶었던 것이다. 메리는 병원 침대에서 변호사에게 마지막 소원들을 밝혔다.

메리가 남긴 그 유언을 통해, 우리가 유추해 볼 수 있는 사실이 몇 가지 있다. 메리는 병문안을 왔던 마이클 루시 신부에게 200달러를 남겼다. 메리가 신앙이 깊은 여성이었음을 엿볼 수 있는 대목이다. 가톨릭 뉴욕 대교구 자선회에 250달러를 남긴 것으로 보아, 불행한 사람들에게 관심이 많았음을 짐작할 수 있다.

메리가 진심으로 좋아한 친구들이 있었다는 사실을 보여 주는 유언도 있다. 윌리 렘피에게는 200달러를 남겼고, 자신의 의복과 동산動産은 윌리 렘피의 어머니인 메리에게 남겼다. 알렉산드라 플라브스카의 몫은 200달러였다.

부동산을 처분해서 빚을 갚고 남은 전액은 좋은 친구가 되어 준 애들레이드 제인 오프스프링에게 물려주었다. 약 4,200달러였다. 자신의 장례 미사, 매장, 비석에 드는 비용까지도 따로 정해 두었다.

메리의 사망 소식이 신문, 의학계 정기 간행물, 공중 보건 관련 단체의 기관지 들을 통해 널리 알려졌다. 조지 소퍼는 신문 보도를 포함하여 메리의 사망 소식을 알리는 글들에 잘못된 정보가 너무 많은 것에 분개했다. 그런 사달이 난 것은 한 '프리랜서 언론인'이 '경박한' 기사를 쓰고, '얍삽하기로 이름난 잡지'가 그것을 게재했기 때문이라고 비난했다. 스탠리 워커가 "인물 소개: 장티푸스 보균자 36번"이라는 제목으로 쓰고, 〈뉴요커〉가 1935년 1월 26일 자로 보도한 기고문을 가리키는 것이었다.

소퍼는 스탠리 워커의 글을 그대로 믿고 따라 쓴 사람들도 싸잡아 비난했다. 〈미국 의학 협회 저널〉과 〈군의관〉에 게재된, 자신의 조사 활동을 자세히 설명한 전문적인 논문들은 찾아볼 짬조차 내지 않았다고 타박하기도 했다. 그들이 "미국 최초의 건강 보균자이자 (사망할 때까지) 어디에서나 가장 유명했던 보균자를 발견한 내 공로를 모두 빼앗아 버렸다."는 것이었다.

조지 소퍼는 '잘못된 정보 대다수의 출처'가 스탠리 워커가 쓴 기고문이라는 사실을 알아냈다고 주장했다. 그러나 그 기고문을 꼼꼼히 읽어 보면, 다른 사람들의 글에 나타난 틀린 정보나 오

위험한 요리사 메리

류보다 적다는 것을 알게 된다. 조지 소퍼 본인의 글에도 오류가 많다. 그중 하나를 예로 들자면, 그는 오이스터베이에서 휴가를 보냈던 찰스 엘리엇 워런 씨를 정확히 확인하지 못했다.* 그 때문에 오늘날에도 여전히 많은 논문과 책들에서 소퍼의 오류가 그대로 되풀이되고 있다.

소퍼가 그처럼 반박하고 나선 주된 이유가 혹시 따로 있었던 것은 아닐까. 사실 〈뉴요커〉에 실린 총 5쪽 분량의 그 기고문은 소퍼 본인 및 그의 조사 활동을 소개하는 데 고작 두 문단밖에 할애하지 않았다. 게다가 메리의 '발견자'라는 공로를 오롯이 소퍼의 몫으로 돌리지도 않았다.

"거두절미하고 말하자면, 나는 보건국 소속의 어느 직원처럼 마땅히 해야 할 일상 업무를 하다가 그 여자를 우연히 찾게 된 것도 아니었고, 로베르트 코흐를 따르는 맹신도라서 찾아낸 것도 아니었다."라고 소퍼는 썼다. 이 글로 보건대, 최초 발견자라는 공로는 조지핀 베이커와 자신의 공동 몫으로, 메리의 두 번째 체포라는 공로는 온전한 베이커의 몫으로 돌린 그 기고문 때문에 소퍼는 모욕을 넘어 상처까지 받았을지 모른다.

---

* 소퍼는 「어느 만성적 장티푸스균 전파자에 관한 연구」(1907)에서는 은행가의 이름을 밝히지 않았다. 「장티푸스 메리」(1919)에서는 그 은행가를 '제너럴 윌리엄 헨리 워런'이라고 했고, 「장티푸스 메리의 기이한 이력」(1939)에서는 '찰스 헨리 워런'이라고 했다. 정확한 이름은 '찰스 엘리엇 워런'이다. ─저자 주

글을 마치며

소퍼가 「장티푸스 메리의 기이한 이력」이라는 논문을 쓴 것은, 어쩌면 기록을 바로잡고 논란에 마침표를 찍겠다는 의도였는지 모른다. 그런데 소퍼는 그 논문에서 이야기꾼의 면모를 유감없이 드러내 보였다. 메리 맬런의 삶에 오밀조밀 살을 붙여서, 도덕적이고 교훈적인 이야기를 지어냈던 것이다. 이 논문은 〈뉴욕 의학 아카데미 회보〉 10월호에 실렸다.

조지 소퍼는 나쁜 사람이었을까? 헛된 공명심에 치우치긴 했어도, 주거 환경을 개선해서 더욱 안전하고 더욱 위생적인 사회를 만드는 데 열정을 기울인 것으로 보인다. 실제로 소퍼는 뉴욕시 지하철의 환기 장치 및 하수 처리를 위한 종합 대책을 마련했다. 시카고의 상수도 및 하수 처리 시설을 갖추기 위한 계획을 세운 장본인이기도 했다.

그뿐이 아니었다. 타이타닉호가 침몰한 이후, 대서양에 떠다니는 유빙 연구를 완성하기도 했다. 외국을 두루 돌아다니면서 유럽 도시들의 보건 및 위생 방법을 연구한 뒤 뉴욕시의 거리 청소, 쓰레기 수거, 폐기물 처리 등에 관한 근본적인 개선 방안을 마련해서 귀국했다. 훗날에는 지금은 '미국 암 협회'로 알려져 있는 '미국 암 통제 협회'의 협회장직을 맡아 열심히 봉사하다가 1928년부터는 자문 위원으로 활동했다.

조지 소퍼는 아내 엘로이즈와 두 아들 조지와 하비를 남겨 두고 1948년에 세상을 떠났다. 그의 부고는 수많은 업적을 언급했

위험한 요리사 메리

지만, 장티푸스 메리를 '발견'하고 체포한 공로를 가장 강조했다. 〈뉴욕 타임스〉는 부고에서 "조지 소퍼 박사 덕분에 메리를 구금함으로써 수백만 명이 훨씬 안전하게 살게 되었다."고 썼다.

✠

S. 조지핀 베이커 박사도 소퍼처럼 타인들의 생활환경을 개선하는 데 열성을 쏟았다. 베이커 박사는 뉴욕시 아동 위생국의 초대 국장을 지내면서, 유아 사망률을 줄이기 위한 유익한 정책들을 마련했다. 미국 35개 주에서 실시하는 학교 보건 프로그램도 베이커 박사가 창안한 것이었다.

베이커 박사의 이름 중 'S.'는 세라의 약칭이다. 정작 본인은 세라보다 중간 이름인 조지핀을 더 좋아했다. 베이커 박사는 페미니스트이자 여성 참정권 운동가였고, 강연자이자 저술가였다. 학술지에 기고한 글은 50편, 대중 잡지에 기고한 글은 200편에 이른다. 집필한 책은 『건강한 아기』*Healthy Babies*(1920), 『건강한 엄마』*Healthy Mothers*(1920), 『건강한 어린이』*Healthy Children*(1920), 『성장기 어린이』*The Growing Child*(1923), 『어린이 위생』*Child Hygiene*(1925)으로 총 5권이 있다.

베이커 박사는 소퍼에 비해 메리 맬런에게 그다지 집착하지 않았던 모양이다. 300쪽짜리 자서전 『생명을 지키기 위한 싸움』 *Fighting for Life*에서, 메리에게 할애한 지면은 여섯 쪽밖에 되지 않

글을 마치며

았다. 메리와 인연이 닿았던 그 짧은 시절을 회상하는 대목에서는 "나는 메리를 좋아하는 법과 메리의 견해를 존중하는 법을 배웠다."고 썼다.

1923년에 국장 자리에서 물러난 뒤 베이커 박사는 뉴저지주로 이사했다. 그곳에서 평생 동반자인 아이다 와일리라는 작가와 함께 살다가 1945년에 사망했다. 〈뉴욕 타임스〉는 장문의 부고에서 베이커 박사의 수많은 업적을 밝혔지만, 장티푸스 메리와 관련된 언급은 없었다.

✠

설령 메리 맬런에 관해 알려 줄 비밀을 품고 있을지라도, 노스브라더섬은 현재 그 비밀들을 철통같이 지키고 있다. 그 섬에는 칡, 개머루, 덩굴옻나무, 들풀, 덤불 들만 무성하다. 리버사이드 병원으로 쓰던 건물이며 병동 들은 무너지는 중이거나 이미 폐허가 되었다. 메리가 26년 가까이 살았던 작은 단층집은 가뭇없이 사라졌다.

지금은 보호 구역으로 지정된 그 섬에는 왜가리들이 둥지를 틀고 있다. 섬에 들어가는 것은 거의 불가능하다. (나도 시도해 보았다.) 뉴욕시 공원 관리국이 허가할지라도, 사용료를 내고 배를 빌릴 수 있는 것은 왜가리들이 다른 곳으로 이동하는 11월과 12월 두 달뿐이다.

위험한 요리사 메리

메리 맬런 본인도 여전히 아무런 비밀도 드러내지 않고 있다. 1909년에 〈뉴욕 아메리칸〉 편집장에게 보낸 여섯 쪽짜리 미발표 편지 말고는, 자신의 삶을 공개하는 말도 글도 남기지 않았다. 지금까지 알려진 바로는 그렇다. 가깝게 지낸 친구들에게는 말했을지 모르겠지만, 그들은 메리의 믿음을 저버리지 않았다. 메리는 평생 동안 무척 강인한 여성이었고, 지독히도 사생활을 드러내지 않는 여성이었고, 너무나도 독립심이 강한 여성이었다. 말년까지도 그랬다.

메리에 관해 알아볼 만한 여지는 남아 있다. 메리를 생생하게 소개하고 메리의 말과 행동을 보도한 〈뉴욕 아메리칸〉을 비롯한 동시대 신문들, 조지 소퍼와 조지핀 베이커처럼 메리와 직접 대면한 사람들, 메리라는 인물과 메리가 살았던 그 세상을 평한 주디스 월저 레빗이나 프리실라 월드 같은 걸출한 학자들 등 다른 이들의 말과 글을 통해서 메리의 삶을 엿볼 수 있다.

역사적으로 유리한 시점에서 한 사람의 삶을 기록하는 일에는 위험이 따른다. 시간을 거슬러 옛날로 돌아가면 자칫 자만에 빠질 수 있어서다. 예컨대 사실 정보들을 길잡이 삼아 이 책을 구성하면서, 나는 메리 맬런이 자신의 불행한 운명에 다가서고 있다는 것을 알 수 있었다. 나는 숱한 '만약'을 쏟아 내기도 했다. 만약 메리가 조지 소퍼나 다른 사람들의 말을 받아들였더라면. 만약 메리가 세균론의 불가피성을 이해했더라면. 만약 메리가 과

글을 마치며

학을 믿었더라면. 만약 보건국이 메리에게 재교육 기회나 다른 생업을 제안했더라면. 만일 메리가 슬론 여성 병원 조리실의 일자리를 마다했더라면. 만약 보건국이 남성 건강 보균자들과 메리를 똑같이 대했더라면. 만약, 만약, 만약⋯⋯.

✠

나는 결국 노스브라더섬에는 들어가지 못했다. 그러나 뉴욕시에서 메리가 살았고 일했던 동네는 찬찬히 둘러보았다. 바운 가족이 살았고 메리가 일했던 파크로 688번지의 집을 우두커니 바라보다가, 33번가 지하철역 못미처에 있는 3번로까지 걸어갔다. 이윽고 나는 걸음을 멈추고 길 건너편을 바라보았다. 소퍼가 몸을 숨긴 채 지켜보면서 메리를 기다렸던 곳이 거기였을까.

　어느 주말에는, 롱아일랜드 오이스터베이에 가서 톰슨 부부의 집이 있던 자리를 둘러보았다. 집은 철거되고 없었다. 현재 그 집터에는 교육 기관 건물과 주차장이 들어서 있다. 새로 지은 집들에 가려 바닷가는 보이지 않아도, 갈매기들이 하늘을 맴돌며 끼룩거렸고 바다 냄새가 물씬 풍겼다.

　오이스터베이에서 차를 몰고 다시 트로그스넥 다리를 건너왔다. 그길로 곧장 브롱크스에 있는 세인트레이먼드 공동묘지를 찾아갔다. 묘지 관리 사무실에 들러 옛날 지도를 구한 뒤 굽이굽이 돌아 메리의 묘지에 도착했다. 소박한 화강암 비석에는 **메리 맬런**

위험한 요리사 메리

이 소박한 메리 맬런의 화강암 비석은 뉴욕시 브롱크스의 세인트레이먼드 공동묘지에 있다.
사진 촬영: 조지프 바톨레티.

1938. 11. 11. 사망이라는 묘비명이 새겨져 있었다. 비석 맨 아래쪽에 새겨 넣은 글은 **예수님의 자비를**이었다.

나는 풀밭에 책상다리를 하고 앉아 메리 맬런을 떠올리며 생각에 잠겼다. 메리 맬런은 복잡하고 이해하기 어려운 사람이었다. 보건국과 신문들이 설명하고 보도했던 것과 달리, 메리는 생각도 감정도 없는 존재가 아니었다. 기계도 인간도 아닌 존재 또한 아니었다. 마녀는 더더구나 아니었다. 열심히 일했고 실력을 인정받은 요리사였다가 하루아침에 운명이 뒤바뀐 여성이었다. 메리 맬런은 자신이 납치당하고, 모욕당하고, 자유와 평판과 생업과 정체성을 **빼앗겼다**고 믿었다. 메리의 유언 속에 '이승의 불확실성을 고려할 때'라는 글귀가 들어 있다는 게 조금도 놀랍지 않다.

지금껏 내가 배운 것들에 관해서도 곰곰 생각해 보았다. 내가 확실히 아는 건, 메리의 말마따나, 인생은 불확실하다는 것이다. 한 사회로서나 한 개인으로서나, 우리는 질병으로부터 건강한 사람들을 보호해 주어야 한다. 아울러 질병에 걸린 사람들을 현명하고, 인간적이고, 동정적인 태도로 치료해 주어야 한다. 우리는 이성을 잃지 말고 두려움을 잘 다스릴 줄 알아야 한다.

위험한 요리사 메리

# 메리 맬런의 생애 연대표

**1845~1850년** 아일랜드 대기근 발생. 감자 역병이 돌아 아일랜드 사람들의 주식이었던 감자의 수확량이 3분의 1로 감소하다. 그 결과 굶주려 죽은 사람은 100만 명, 굶주림으로 인한 질병으로 사망한 사람은 200만 명, 이민을 떠난 사람은 200만 명으로 추산되다.

**1869년 9월 23일** 메리 맬런, 아일랜드 티론주 쿡스타운에서 아버지 존 맬런과 어머니 캐서린 이고 사이에서 태어나다. 캐서린 '이고'에서 보듯이, 여성이 결혼하더라도 결혼 전의 성을 그대로 쓰는 것이 아일랜드 풍습이다.

**1883년** 15세 무렵 홀로 미국 뉴욕시로 이주, 친척 아줌마 부부가 사망할 때까지 함께 살다.

**1897~1900년** 롱아일랜드에 별장을 소유하고 있는, 뉴욕주 머매러넥에 거주하는 집안에 고용되어 3년 동안 일하다. 한 청년이 그 집에 온 지 10일쯤 지난 후에 장티푸스에 걸리다.

**1901~1902년 겨울** 뉴욕시에 있는 어느 집에서 11개월 동안 요리사로 일하다. 메리가 고용된 지 1개월 뒤에, 그 집 세탁부가 장티푸스에 걸리다.

**1902년 여름** 뉴욕시 맨해튼에서 변호사로 활동하는 J. 콜먼 드레이튼 씨 집에서 일하다. 드레이튼 가족이 휴가를 보내기 위해 메리를 데리고 별장에 가다. 그 별장에 머무는 동안, 드레이튼 가족 4명과 가사 노동자 5명이 장

189

티푸스에 걸리다.

**1904년 여름** 뉴욕주 샌즈포인트에 있는 헨리 길시 씨네 집에서 9개월 동안 일하다. 새로 고용한 가사 노동자 4명이 장티푸스에 걸리다.

**1906년 8월** 뉴욕주 오이스터베이에서 찰스 엘리엇 워런 씨네 가족의 요리사로 일하다. 메리가 고용된 직후 워런 가족 3명과 가사 노동자 3명이 장티푸스에 걸리다.

**1906년 가을** 메리가 뉴욕주 턱시도파크에 있는 조지 케슬러 씨네 집에 요리사로 고용된 지 2주 후, 그 집 세탁부가 발병하다.

**1907년 겨울** 뉴욕시 파크로 688번지에 있는 월터 바운 씨네 집에서 요리사로 일하다. 메리가 고용된 지 2개월 뒤 세탁부 1명에 이어, 바운 부부의 25세 된 딸이 장티푸스에 걸리다. 그 딸이 2월에 사망하다.

**1907년 3월** 조지 소퍼, 메리의 행방을 추적하던 중 당시 메리가 일하고 있던 파크로의 월터 바운 씨네 집을 찾아가다. 그 후 3번가에 있는 오거스트 브레이호프가 거주하고 있는 임대 아파트를 알아내다. 메리와의 면담을 시도하다.

**1907년 3월 20일** 조지핀 베이커 박사와 경찰들에게 파크로 688번지에 있는 집에서 체포된 메리, 윌러드 파커 병원에 격리 수용되다. 얼마 후 다시 노스브라더섬에 있는 리버사이드 병원으로 이송되다.

**1907년 4월 2일** 메리 이야기가 〈뉴욕 아메리칸〉에 유출, 보도되다.

**1907년 4월** 조지 소퍼, '워싱턴 생물학회' 학술대회에 참석하여 「어느 만성적 장티푸스균 전파자에 관한 연구」라는 논문을 발표하다.

**1908년 6월** 보건 위원회에서 활동하는 윌리엄 핼록 파크, '미국 의학 협회'의 정기 총회에 참석하여 「장티푸스 보균자들」이라는 논문을 발표하다. 이 모임에서 처음으로 '장티푸스 메리'라는 별명을 붙이다.

위험한 요리사 메리

1908년 7월~1909년 4월 메리, 민간 연구소인 퍼거슨 실험 연구소에 직접 표본 검사를 의뢰할 준비를 하다.

1909년 6월 20일 〈뉴욕 아메리칸〉 신문사에서 양면펴기로 찍어 낸 일요판에서 메리 맬런이라는 이름을 공개하다. 그날 또는 그 무렵, 조지 프랜시스 오닐 변호사가 메리의 법정 대리인을 자청하다.

1909년 6월 28일 오닐 변호사, 법원에 인신 보호 영장을 청구하다.

1909년 7월 16일 메리, 다시 노스브라더섬으로 이송되다.

1910년 2월 19일 요리사 일을 그만둘 것과 보건국에 매달 보고할 것을 약속하는 진술서에 서명한 메리, 리버사이드 병원에서 퇴소하다.

1911년 12월 메리, 뉴욕시 보건국과 보건 위원회를 상대로 손해 배상 청구 소송을 제기했으나, 원고 청구가 각하되다.

1914년 10월 메리 브라운이라는 가명으로, 슬론 여성 병원의 조리사로 고용되다.

1915년 1월 슬론 여성 병원에서 장티푸스 발생하다.

1915년 3월 26일 뉴욕시 보건국에서 두 번째로 메리를 체포하여 노스브라더섬으로 돌려보내다.

1918년 3월 1일 뉴욕시 보건국에서 리버사이드 병원의 잡역부로 메리를 고용하다.

1918년 6월 11일 메리, 섬 밖으로 나갈 수 있는 당일치기 휴가라는 특전을 받다.

1919년 7월 조지 소퍼, 논문 「장티푸스 메리」를 발표하다.

1923년 노스브라더섬에 있는 실험실에서 레지던트 알렉산드라 플라브스카의 조수로 일하기 시작하다.

1925~1927년 알렉산드라 플라브스카와 친구처럼 지내며, 2년간 함께 일

메리 맬런의 생애 연대표

하다.

1932년 12월 4일  뇌졸중을 일으킨 메리, 리버사이드 병원에서 자리보전에 들어가다.

1938년 11월 11일  사망하다.

1938년 11월 12일  브롱크스에 있는 세인트루크 로마 가톨릭교회에서 메리의 장례 미사가 열리다. 역시 브롱크스에 있는 세인트레이먼드 공동묘지에 묻히다.

1939년 10월  조지 소퍼, 논문「장티푸스 메리의 기이한 이력」을 발표하다.

위험한 요리사 메리

# 감사의 말

책을 펴내기까지 도움을 준 분들에게 감사를 전하는 것은 언제나 대단히 기쁜 일입니다.

많은 분들과 여러 단체에서 자료를 신중하게 사용하도록 경계심을 일깨워 주고, 자료를 얻도록 도와주고, 정보의 진위 여부를 확인해 주고, 질문에 대답해 주는 등 제 부탁을 기꺼이 들어주었습니다. 메리 맬런의 증상에 관한 질문에 답해 준 레이첼 베일 작가, 뉴욕시 컬럼비아 대학교에서 신경학과 역학을 강의하는 미첼 엘킨드 교수, 창자의 기능과 실험실 검사 결과 통보에 관해 알려 준 텍사스 댈러스 신장학 연합회의 신디 코피어 박사, 공중보건법에 관해 답해 준 펜실베이니아주 스크랜튼 대학교 공중 보건학부의 대니얼 웨스트 학장, 신고 대상 법정 감염병에 관해 알려 준 펜실베이니아주 스크랜튼의 래커워너 카운티 보건소에 근무하는 간호사 조 팔리에게 깊이 감사드립니다.

필요한 자료들을 찾아가는 과정은 힘들지만 즐거운 일이기도 합니다. 펜실베이니아주 피츠턴에 있는 WVIA 방송국의 에리카

펀케에게 감사드립니다. 덕분에 펜실베이니아주 윌리엄스포트에 있는 WVIA 방송국에 근무하는 피오나 파월과 연락이 닿았고, 그 결과 널리 알려져야 마땅하나 거의 찾기가 불가능했던 BBC 방송 프로그램의 녹취록을 얻었습니다. 참으로 보람 있는 시도였습니다. 이 책을 쓰는 데 필요한 인터뷰 내용을 녹취해 준, 영국 런던에 있는 웰컴 도서관의 보조 큐레이터 세라 본드에게 감사드립니다. 아울러 전체 녹취록을 찾아서 보내 준, BBC 방송국 문서 보관실의 제니퍼 호그에게도 감사드립니다.

뉴욕 공립 도서관 및 어마어마한 자료를 소장하고 있는 참고 자료실의 관계자, 뉴욕주 롱아일랜드 '오이스터베이 역사학회', 펜실베이니아 주립대학교의 도서관 상호 대차실에서 근무하는 사서들, 펜실베이니아주 스크랜튼에 있는 올브라이트 기념 도서관의 참고 자료실 사서들, 스크랜튼 대학교 와인버그 기념 도서관에서 일하는 한결같이 멋진 벳시 모일런. 모두모두 감사합니다.

유머 감각이 뛰어난 낸시 커밍스, 수많은 대화를 통해 이 책을 쓰는 데 도움을 준 뱀비 로브델, 편집자 앤 라이더, 출판에이전트인 커티스 브라운 LTD 사의 진저 놀튼은 헤아리기 힘들 만큼 큰 도움을 준 친구들입니다. 고마워요.

가족들도 빼놓을 수 없네요. 웃음과 끝없는 이야기와 늑장 피울 기회를 선사해 주는 브랜디, 릭, 알리야, 로코, 미아, 조와 린제이, 어머니, 한결같은 남편 조에게 고마움을 전합니다.

위험한 요리사 메리

# 주석

이 글은 논픽션입니다.

메리 이야기를 되도록 정확하게 전달하기 위해, 여기에 소개한 자료들을 기본으로 삼되 '참고자료'에 따로 정리한 문헌들과 대조했습니다. 인용문은 최대한 짤막하게 따오려고 노력했습니다.

내가 집필 자료를 취재하면서 들인 시간이 아무리 많다 한들, 메리 맬런의 삶에 관한 권위자는 여전히 그녀 자신입니다. 다른 누구도 아닌 자기 나름의 방식대로, 메리가 자신의 삶을 쓴 것입니다.

## 1장

11쪽.　　혼자서 감당하기에는~ : 도널드 E. 서덜랜드는 『미국인과 가사 노동자들』*Americans and Their Servants*에서 "요리사를 쓰지 않고 딱 1주 동안 혼자서 부엌살림을 꾸리고 나서 '몸져누운' 부인"에 관해 들려준다.

## 2장

28쪽.　　일주일 만에, 다섯 사람이 더~ : 소퍼는 1907년에 쓴 논문 「만성적 장티푸스균 전파자」에서 "그 당시, 또 다른 장티푸스 감염 사례는 알려지지 않았다. 추후 감염자는 한 명도 없었다."라고 밝힌

다. 그러나 지역신문 〈롱아일랜더〉(1906년 8월 31일 자)는 오이스터베이에 사는 프레더릭 브라이언트 씨의 딸 캐리 브라이언트가 장티푸스로 사망했으며 1906년 8월 24일에 장례식을 치렀다고 보도한다. 소퍼는 13년 후에 쓴 논문 「장티푸스 메리」에서는 그때 장티푸스 감염자가 10명이 있었다고 쓴다.

**3장**

31쪽.    풀들은 더부룩이 자란 채로~ : 정원사는 한 달 후에 장티푸스에서 회복되었다.

**4장**

39쪽.    장티푸스 발생률이 67퍼센트로~ : 뉴욕시 보건 위원회의 1906년 연례 보고서에 따르면 장티푸스 발생률은 훨씬 낮아졌지만, 사망률은 18퍼센트로 거의 비슷했다.

**6장**

60쪽.    경건하고, 순결하고, 가정적이고, 순종적이어야~ : 이와 같은 '올바른 여성상'은 1907년에도 여전히 지배적인 견해였다. 이에 도전하는 '신여성'New Woman이 출현하여, 교육을 받고 바깥일을 했으며 법적 권리와 정치적 권리를 얻기 위해 노력했다. 그러나 중상류층으로부터 줄기차게 비난을 받았다.

65쪽.    그 여자는 꼭대기 층에 있는 방에서~ : 소퍼와는 달리, 주디스 월저 레빗 등은 메리가 브레이호프와 동거했다고 서술하고 있다.

66쪽.    소퍼의 설명을 통해 엿볼 수 있는~ : 소퍼가 메리를 찾아낸 이야

위험한 요리사 메리

기를 처음으로 자세히 밝힌 것은 1907년이다. 이때는 브레이호프에 관해 언급하지 않는다. 1919년에는 그저 '메리의 친구'라고만 말한다. 20년 후에는 멜로드라마처럼 극적으로 바뀐다. 브레이호프의 됨됨이를 설명하고, 메리는 올바른 여성이 아니었다는 자신의 견해까지 덧붙인다.

## 7장

71쪽.　아마도 메리는 이해하지 못했을~: 이것은 메리의 편지, 소퍼 및 보건 관계자들에게 보인 메리의 반응, 레빗 및 베이커 박사가 쓴 글들로부터 유추한 결론이다.

## 8장

83쪽.　본인이 16세 때 장티푸스로 아버지를~: 포킵시에서 장티푸스가 발생한 것은 상수도 때문이었다. 그 결과 미국 최초로 도시 상수도에 정수장 시설을 갖추게 되었다.

90쪽.　결투용 칼처럼 생긴~: 이와 관련하여, 베이커 박사의 말도 조금 달라진다. 1932년에는 자신과 경찰들을 부엌으로 들어오게 할 때 메리의 손에 요리용 포크가 들려 있었다고만 밝혔다. 그런데 1939년에는 베이커 박사도 소퍼와 마찬가지로, 극적으로 과장한다. 자서전에는 부엌문을 열고 '결투용 칼'을 휘둘렀으며, "눈에 쌍심지를 켰다."고 쓰여 있다.

## 9장

98쪽.　그 요리사는 살아 있는 배양관이나~: 소퍼는 자신이 옳았다는

주석

것을 확인받고, 전문가로서 인정받는 일을 즐기는 사람이었음을 엿보게 한다.

105쪽.  일언반구도 없이: 소퍼는 논문 「장티푸스 메리의 기이한 이력」에서 "그 여자는 점잖게 화장실로 물러갔다."고 서술한다.

## 10장

107쪽.  일일 판매 부수가 30만 부: 허스트가 발행한 일요판 〈아메리칸〉과 〈저널〉의 일일 판매 부수는 77만 8,205부였고, 〈이브닝 저널〉은 70만 부였다. 참고로 〈뉴욕 타임스〉는 10만 부, 〈트리뷴〉은 6만 5,850부였다.

108쪽.  옐로 저널리즘: 리처드 F. 아웃콜트가 뉴욕시 빈민가의 삶을 소재로 그린 〈호건의 뒷골목〉Hogan's Alley은 엄청난 인기를 얻었다. 이 연재만화는 퓰리처가 소유한 신문사에서 펴내는 〈뉴욕 월드〉에 컬러판으로 실렸고, 주인공은 '옐로 키드'(Yellow Kid, 노란 아이)라는 이름으로 통했다. 허스트가 1896년에 그 연재만화가를 퓰리처 신문사에서 빼내 오면서, 두 신문 발행인 사이에 치열한 경쟁이 불붙게 되었다. 그리고 결국 허스트가 승리했다.

110쪽.  국가적 위기: 정부에서 발행한 〈사망 통계〉에 따르면 사망률이 10만 명에 30.3명이었다고 한다. 1907년 당시 미국 총인구는 8,700만 명이었다.

## 11장

118쪽.  이곳에 처음 왔을 때~: 메리가 손글씨로 직접 쓴 이 6쪽짜리 편지의 수신인은 〈뉴욕 아메리칸〉 편집장이었다. 그런데 나중에 처

위험한 요리사 메리

음 수신인을 지우고 메리의 변호사인 조지 프랜시스 오닐로 바꾸었는데, 글씨체가 다르다.

120쪽.  1주에 두세 번씩~: 레빗이 지적한 바에 따르면, 이후 28개월 동안 163개의 배양물 중 120개(약 75퍼센트)에서 양성 반응이, 43개(약 26퍼센트)에서 음성 반응이 나왔다. 메리의 소변을 검사한 결과는 시종일관 음성이었다. 메리가 간헐 보균자였음을 엿볼 수 있는 대목이다.

128쪽.  보건국은 단지 저를~: 〈뉴욕 타임스〉 1909년 6월 30일 자에 따르면, 뉴욕시 보건국은 메리의 약물 치료가 임상 시험이었다는 사실을 시인했다.


**13장**

148쪽.  저는 리버사이드 병원에서 퇴소하면~: 레빗에 따르면, 메리 맬런이 레덜리에게 자신의 행방을 보고한 것은 3개월에 한 번씩이었다고 한다.

155쪽.  일명 '장티푸스 메리'라고~: 〈뉴욕 선〉은 1913년 9월 20일 자에 뉴욕시 이스트사이드에서 36명의 장티푸스 환자가 발생했다고 보도했다. 처음에는 장티푸스 보균자를 의심했으나, 나중에 감염 원인이 오염된 우유로 밝혀졌다.


**15장**

171쪽.  나는, 이 남성의 건강을 빌미로 삼아~: 레빗은 노스브라더섬에서 지낸 장티푸스 보균자가 몇 명 더 있었지만, 메리처럼 악명을 떨친 사람이 없었다는 사실을 지적한다.

주석

171쪽.  그가 건강 보균자로 확인된 것은~: 〈뉴욕 아메리칸〉 1928년
10월 7일 자에 따르면, 모슈 때문에 감염된 사람이 110명에 이르
며, 그중 사망자가 최소 6명이었다고 주장하는 사람들도 있다. 스
탠리 워커도 그중 한 사람이다.

**글을 마치며**

182쪽.  헛된 공명심에 치우치긴 했어도~: 〈뉴욕 타임스〉 1910년 12월
25일 자에서 소퍼는 이렇게 말한다. "나는 사람들이 과연, 이 지
상에서의 삶이 세 가지 문제에 달려 있다는 사실을 잠깐이나마
깨달은 적이 있었을까 하는 의문이 든다. 그 세 가지 중 첫째는
공기와 음식이고, 둘째는 의복과 주거지이며, 셋째는 온갖 종류
의 폐기물 처리 문제이다. 이것은 앞의 두 가지보다 중요도 면에
서 절대 뒤지지 않는다. 흔히 세균이라고 알려진 무수한 형태의
동물과 식물이 번성하여 인간의 삶을 파괴하지 못하도록 해야 한
다."

186쪽.  나는 결국 노스브라더섬에는~: 뉴욕시 공원 및 유원지 관리국에
서 받은 편지에 따르면, 현재 노스브라더섬의 자연 복원 사업이
진행 중이라고 한다. 2013년에 시작해 2016년에 마칠 예정인 이
사업의 목적은 위험한 상태를 보완하고, 건물 잔해들을 치우고,
왜가리 서식지를 복원하는 것이다.

위험한 요리사 메리

# 참고자료

## 본인의 글로 보는 메리 맬런

〈뉴욕 아메리칸〉 편집장에게 보낸 메리 맬런의 편지. 작성 날짜가 없는 메리의 이 육필 편지는 '메리 맬런이 제출한 인신 보호 영장 신청에 관하여'라는 제목의 서류철에 묶여 뉴욕주 대법원에 보관되어 있으며, 반환된 청구서는 뉴욕시 뉴욕 카운티 법원에 보관되어 있다.

메리 맬런의 사망 진단서는 뉴욕시 보건국 기록 부서에 보관되어 있다.

메리 맬런의 유언장은 뉴욕주 브롱크스, 브롱크스 카운티 유언 재판소에 보관되어 있다.

## 타인의 글로 보는 메리 맬런

Baker, S. Josephine. *Fighting for Life*. New York: Macmillan, 1939.

Edington, George, as quoted in Judith Walzer Leavitt. *Typhoid Mary: Captive to the Public's Health*. Boston: Beacon Press, 1996.

Efros, Julie. "Typhoid Mary." BBC *Timewatch*, episode 13. December 18, 1994. Transcript. Available from the BBC Written Archives.

Keating, Isabelle. "Dr. Baker Tells How She Got Her Woman."

*Brooklyn Eagle*(New York), May 8, 1932, Sunday edition, sec. A17.

Mason, W. P. "Typhoid Mary." *Science*, n.s. 30, no.760 (July 23, 1909): 117–18.

Park, William H. "Typhoid Bacilli Carriers." *Journal of the American Medical Association* 51 (1908): 981–82.

Rosenau, M. J. "Typhoid Bacilli Carriers." *Journal of the American Medical Association* 51 (1908): 982.

Sherman, Emma Rose (Goldberg). "Typhoid Mary." BBC *Timewatch*, episode 13. December 18, 1994. Transcript. Available from the BBC Written Archives.

Soper, George A. "The Curious Career of Typhoid Mary." *Bulletin of the New York Academy of Medicine* 45, no.1 (October 1939): 698–712.

_____. "The Discovery of Typhoid Mary." *British Medical Journal* (January 7, 1939): 37–38.

_____. "Typhoid Mary." Military Surgeon 45 (July 1919): 1–15.

_____. "The Work of a Chronic Typhoid Germ Distributor." *Journal of the American Medical Association* 48 (1907): 2019–22.

Walker, Stanley. "Profiles 'Typhoid Carrier no.36.'" *New Yorker*, January 26, 1935, 21–25.

Wenzell, Thomas. "Typhoid Mary." BBC *Timewatch*, episode 13.

위험한 요리사 메리

December 18, 1994. Transcript. Available from the BBC Written
Archives.

Winslow, C.E.A. *The Life of Hermann M. Biggs, M.D., D.Sc., L.L.D.:*
*Physician and Statesman of the Public Health.* Philadelphia:
Lea and Febiger, 1929.

## 신문 기사로 보는 메리 맬런

*Chicago Inter Ocean.* "Typhoid Prisoner Asks Her Freedom." June
30, 1909.

*New York American.* "Ban on Typhoid Mary." July 23, 1909. Print.

_____. "Germs of Typhoid Carried for Life." March 13,
1907.

_____. "Healthy Disease Spreaders." July 1, 1909. Print.

_____. "Human Typhoid Germ' in Bellevue." April 2,
1907. Print.

_____. "Typhoid Hits Village, with 23 Stricken."
October 7, 1928.

_____. "Typhoid Mary Has Offer to Become Bride." July
21, 1909.

_____. "Typhoid Mary Is Free; Wants Work." February
21, 1910. Print.

_____. "Typhoid Mary: Most Harmless Yet Most
Dangerous Woman in America." June 20, 1909.

_____. "Typhoid Mary Never Ill, Begs Freedom." June 30, 1909.

_____. "'Typhoid Mary,' on Island 3 Years, Sues for $50,000." December 3, 1911.

New York Call. "Typhoid Mary Again at Large." February 21, 1910.

New York Evening Post. "Typhoid Mary." July 16, 1909.

New York Sun. "Exile for Life May Be Fate of 'Typhoid Mary.'" March 28, 1915.

_____. "Typhoid Mary Drops Her Suit." December 31, 1917.

_____. "Typhoid Mary in Court." June 30, 1909.

New York Times. "Baker, Warned as Typhoid Carrier, in Court as Public Menace for Making Shortcake." March 14, 1924.

_____. "Clues to Typhoid Mary Mystery." August 7, 2013.

_____. "Doctors Describe Disease Carriers." September 26, 1912.

_____. "Five Ill in One Household: Typhoid Attacks Charles E. Warren's Family and Servants." September 11, 1906.

_____. "Guide a Walking Typhoid Factory." December 2, 1910.

_____. "New York's Sewage Problem a Hard One to Handle." December 25, 1910.

_____. "Say Man Spreads Typhoid." October 13, 1922.

_____. "To the Editor of the New York Times." July 2, 1909.

_____. "Typhoid Carrier Freed." March 15, 1924.

위험한 요리사 메리

_____. "Typhoid Carriers." November 29, 1914.

_____. "'Typhoid Mary' Asks $50,000 from City." December 3, 1911.

_____. "Typhoid Mary Freed." February 21, 1910.

_____. "Typhoid Mary Has Reappeared." April 4, 1915, sec. Sunday Magazine.

_____. "Typhoid Mary Must Stay." July 17, 1909.

_____. "Watch for Typhoid Fever Carrier." January 21, 1923.

New York Tribune. "Has New York Many Walking Pesthouses?" July 4, 1909. Print.

_____. "Typhoid Mary, Germ Carrier." March 28, 1915.

_____. "Typhoid Mary Reappears." March 29, 1915.

New York World. "I'm Persecuted! Is Plaintive Plea of Typhoid Mary." July 20, 1909.

Norwood News (St. Lawrence, N.Y.). "Typhoid Radiator Wants Freedom." August 17, 1909.

Tacoma Times (Washington). "Witch in N.Y." April 6, 1915.


## 2차 자료로 보는 메리 맬런

Bourdain, Anthony. Typhoid Mary: An Urban Historical. New York: Bloomsbury, USA, 2001.

Hammond, John E. "Typhoid Mary." In Oyster Bay Remembered. Oyster Bay, New York: Maple Hill Press, 2002.

Leavitt, Judith Walzer. "A Menace to the Community." www.learner. org/workshops/primarysources/disease/docs/leavitt2.html (accessed February 23, 2014).

_____. *Typhoid Mary: Captive to the Public's Health*. Boston: Beacon Press, 1996.

_____. "Typhoid Mary Strikes Back: Bacteriological Theory and Practice in Early 20th-Century Public Health." In *Sickness and Health in America: Readings in the History of Medicine and Public Health*. Madison: University of Wisconsin Press, 1997.

Lovering, Mrs. (no first name). "Typhoid Mary." BBC *Timewatch*, episode 13. December 18, 1994. Transcript. Available from the BBC Written Archives.

Mendelsohn, J. Andrew. "'Typhoid Mary' Strikes Again: The Social and the Scientific in the Making of Modern Public Health." *Isis* 86, no.2 (June 1995): 268–77.

Wald, Priscilla. *Contagious: Cultures, Carriers, and the Outbreak Narrative*. Durham, N.C.: Duke University Press, 2008.

메리 맬런의 시대 이해하기

Amsterdam, Daniel. "Down and Out (Again): America's Long Struggle with Mass Unemployment." *Origins: Current Events in Historical Perspective*. origins.osu.edu/article/down-and-out-

위험한 요리사 메리

again-america-s-long-struggle-mass-unemployment (accessed April 27, 2014).

Blessing, Patrick J. "Irish." In *Harvard Encyclopedia of American Ethnic Groups*, edited by Steven Thernstrom. Cambridge: Harvard University Press, 1980.

Branch, Enobong Hannah, and Melissa E. Wooten. "Suited for Service: Racialized Rationalizations for the Ideal Domestic Servant from the Nineteenth to the Early Twentieth Century." *Social Science History* 36, no.2 (2012): 169-89.

*Cassell's Household Guide to Every Department of Practical Life: Being a Complete Encyclopaedia of Domestic and Social Economy*. New and rev. ed. London: Cassell, 1895.

Census reports. Tenth census. June 1, 1880. Washington, D.C.: U.S. Department of Congress, 188388.

Cole, Sean. "How to Get to North Brother Island." *Radiolab Blogland*. November 15, 2011. Accessed November 18, 2014. http://www.radiolab.org/story/170476-how-get-north-brother-island.

Davis, Stephen. "The Great Horse Manure Crisis of 1884." *The Freeman: Ideas on Liberty*. September 1, 2004. Accessed November18, 2014. http://fee.org/files/doclib/547_32.pdf.

Douglas, Paul H., and Aaron Director. *The Problem of Unemployment*. New York: Macmillan, 1931.

"Early 20th Century American Kitchens." Kitchens from 1900 to 1920.

www.antiquehomestyle.com/inside/kitchen/1900-20/index.htm (accessed February 24, 2014).

Ehrenreich, Barbara, and Deidre English. *For Her Own Good: Two Centuries of the Experts' Advice to Women*. New York: Anchor Books, Random House, 2005.

Flanagan, Shaun. "Burke and Hare." Edinburgh Body Snatchers, www.edinburgh-history.co.uk/burke-hare.html (accessed March 11, 2014).

Gilbert, Judith A. "Tenements and Takings: Tenement House Department of New York v. Moeschen as a Counterpoint to Lochner v. New York." *Fordham Urban Law Journal* 18, no.3 (1990): 446. ir.lawnet.fordham.edu/cgi/viewcontent. cgi?article=1346&context=ulj (accessed March 9, 2014).

Gore, DVM, Thomas, Paula Gore, and James M. Giffin, MD. *Horse Owner's Veterinary Handbook*. Third ed. Hoboken, New Jersey: Howell Book House, Wiley Publishing, 2008. 332.

Gregory, Annie R. *Woman's Favorite Cookbook*. Chicago: Monarch Book Company, 1902.

Harris-Perry, Melissa V. *Sister Citizen*: Shame, Stereotypes, and Black Women in America. Reprint. New Haven: Yale University Press, 2013.

Hill, Daniel Delis. *Advertising to the American Woman*, 1900-1999. Columbus: Ohio State University Press, 2002.

Husband, Julie, and Jim O'Loughlin. *Daily Life in the Industrial*

위험한 요리사 메리🫖

*United States, 1870–1900*. Westport, Conn.: Greenwood Press, 2004.

Jenkins, John. "William Burke and William Hare (Irish criminals)." *Encyclopaedia Britannica Online*. www.britannica.com/ EBchecked/topic/1345659/William-Burke-and-William-Hare (accessed February 23, 2014).

Johnson, Allan. *Privilege, Power, and Difference*. Boston: McGraw-Hill, 2006.

Katzman, David M. *Seven Days a Week: Women and Domestic Service in Industrializing America*. New York: Oxford University Press, 1978.

Leonhardt, David. "Life Expectancy Data." *New York Times*. www. nytimes.com/2006/09/27/business/27leonhardt_sidebar.html?_ r=0 (accessed September 27, 2006).

Lynch-Brennan, Margaret. The Irish Bridget: *Irish Immigrant Women in Domestic Service in America*, 1840–1930. New York: Syracuse University Press, 2009.

"Measuring Worth–Relative Worth Calculators and Data Sets." www. measuringworth.com (accessed February 24, 2014).

Melosi, Martin V. *Garbage in the Cities: Refuse, Reform, and the Environment*. Rev. ed. Pittsburgh: University of Pittsburgh Press, 2005.

"Movements for Political & Social Reform, 1870–1914." MultiText Project in Irish History. multitext.ucc.ie/d/Ireland_society_ economy_1870–1914 (accessed February 21, 2014).

New York City directory, 1903–1908.

*New York Times*. "Women Discuss Ice Question." May 18, 1900, 2.

Perlman, Joel. *Ethnic Difference: Schooling and Social Structure Among the Irish, Italians, Jews & Blacks in an American City, 1880–1935*. New York: Cambridge University Press, 1988.

Plunkett, H. M. *Women, Plumbers, and Doctors, or, Household Sanitation*. New York: Appleton, 1897.

"The Quality of the Oldsmobile." *The Motor Way*. July 5, 1906.

Riis, Jacob. "The Riverside Hospital." In *The Annals of Hygiene*. Philadelphia: University of Pennsylvania Press, 1892.

Ryan, James G. Irish Records: *Sources for Family and Local History*. Dublin: Flyleaf Press, 1997.

Strasser, Susan. Never Done: *A History of American Housework*. New York: Pantheon Books, 1982.

Sutherland, Donald E. *Americans and Their Servants: Domestic Service in the United States from 1800 to 1920*. Baton Rouge: Louisiana State University Press, 1981.

Welter, Barbara. "The Cult of True Womanhood: 1820–1860." *American Quarterly* 18, no.2 (1966): 152.

White, Erica. "Representations of the True Woman and the New Woman in *Harper's Bazaar*, 1870–1879 and 1890–1905." Graduate theses and dissertations. Paper 10695. lib.dr.iastate. edu/cgi/viewcontent.cgi?article=1676&context=etd (accessed

위험한 요리사 메리🍵

February 22, 2014).

## 조지 소퍼 및 조지핀 베이커 이해하기

Boronson, Walter. "In Defense of Typhoid Mary." newjersey-newsroom.com. www.newjerseynewsroom.com/healthquest/in-defense-of-typhoid-mary (accessed March 11, 2014).

"Changing the Face of Medicine: Dr. S. Josephine Baker." U.S. National Library of Medicine. www.nlm.nih.gov/changingthefaceofmedicine/physicians/biography_19.html (accessed February 23, 2014).

Draxler, Breanna. "Teaching Kids to Think Like Engineers." *Discover Magazine*, November 5, 2013. discovermagazine.com/2013/dec/15-e-is-for-engineering#.UrXHQqXfbNA (accessed February 22, 2014).

Elston, M. A. "Blackwell, Elizabeth (1821–1910), Physician." *Oxford Dictionary of National Biography*. www.oxforddnb.com/view/printable/31912 (accessed February 22, 2014).

"Engineers Explained." bcn.boulder.co.us/~neal/engineerhumor.html (accessed February 22, 2014).

"What Are Scientists and Engineers Like?" *JPL Education*. www.jpl.nasa.gov/education/index.cfm?page=141 (accessed February 22, 2014).

참고자료

Bernberg, Erin L., University of Delaware and Delaware Biotechnology, Newark, Del. Telephone and email interviews by author, July 25, 2014.

"Body Maps: Gallbladder." Healthline. www.healthline.com/human-body-maps/gallbladder (accessed July 29, 2014).

The Burn Foundation. *Burn Prevention*. www.burnfoundation.org/programs/resource.cfm?c=1&a=3 (accessed February 21, 2014).

Caillé, Augustus. *Postgraduate Medicine; Prevention and Treatment of Disease*. New York: Appleton, 1922.

Corpier, Cindy, MD. Dallas Nephrology Associates, Texas. Email correspondence with the author, February 18, 2004.

Dancis, Joseph, and Wade Parks. "Introduction." *Pediatrics* 90, no.1 (1992): iv.

"Discovery of Germs." With Dr. Kelly Reynolds at the University of Arizona. learnaboutgerms.arizona.edu/discovery_of_germs.htm (accessed February 21, 2014).

Dziura, Jennifer. "Bullish Life: When Men Are Too Emotional to Have a Rational Argument." *The Gloss* RSS. www.thegloss.com/2012/11/12/career/bullish-life-men-are-too-emotional-to-have-a-rationalargument-994/#ixzz2CnkN6Vur (accessed February 22, 2014).

Elkind, Michell, professor of neurology and epidemiology,

위험한 요리사 메리

Department of Neurology, Columbia University Medical Center, New York. Email interview by author, January 2, 2014.

*Encyclopaedia Britannica Online.* "feces (biology)." www. britannica.com/EBchecked/topic/203293/feces (accessed February 23, 2014).

"Epidemiology." University of Hartford. uhaweb.hartford.edu/bugl/ Epidemiology.pdf (accessed February 22, 2014).

Gonzalez-Escobedo, Geoffrey, Joanna M. Marshall, and John S. Gunn. "Chronic and Acute Infections of the Gall Bladder by Salmonella Typhi: Understanding the Carrier State." *Nature Review Microbiology.* www.ncbi.nlm.nih.gov/pmc/articles/ PMC3255095/ (accessed February 23, 2014).

"Leprosy." MedlinePlus. U.S. National Library of Medicine. www. nlm.nih.gov/medlineplus/ency/article/001347.htm (accessed March 9, 2014).

*Long-Islander* (Huntington, New York). "The Water Supply Question." November 16, 1906.

Mann, Denise. "Kitchen Germs: Stopping Germs Where They Breed." *WebMD.* www.webmd.com/food-recipes/features/ germs-in-kitchen (accessed February 18, 2014).

Mayo Staff. "Typhoid Fever." Mayo Clinic. www.mayoclinic.com/ health/typhoid-fever/DS00538/DSECTION=causes (accessed February 21, 2014).

"Miasma." MedTerms. www.medterms.com/script/main/art.

asp?articlekey=19304 (accessed February 22, 2014).

*Mortality Statistics*. Department of Commerce and Labor. S.N.D North, director. 8th Annual Report. Washington: Government Printing Office, 1909.

Nichols, Henry James, and Raymond Alexander Kelser. *Carriers in Infectious Diseases: A Manual on the Importance, Pathology, Diagnosis and Treatment of Human Carriers*. Baltimore: Williams & Wilkins, 1922.

Parry, Manon S. "Sara Josephine Baker (1873–1945)." U.S. National Library of Medicine. www.ncbi.nlm.nih.gov/pmc/articles/ PMC1470556 (accessed February 23, 2014).

"Questions and Answers on the Executive Order Adding Potentially Pandemic Influenza Viruses to the List of Quarantinable Diseases." Centers for Disease Control and Prevention. www.cdc.gov/quarantine/qaexecutive-order-pandemic-list-quarantinable-diseases.html (accessed October 23, 2014).

"Robert Koch–Biographical." Nobelprize.org. www.nobelprize.org/ nobel_prizes/medicine/laureates/1905/koch-bio.html (accessed February 21, 2014).

"Robert Koch, 1843–1910." Open Collections Program: Contagion. ocp.hul.harvard.edu/contagion/koch.html (accessed February 21, 2014).

"S. typhi." Water Treatability Database. iaspub.epa.gov/tdb/pages/ contaminant/contaminantOverview.do?contaminantId=10460

위험한 요리사 메리

(accessed February 21, 2014).

Smith, Susan. "Teaching the History of Public Health and Health Reform." *Magazine of History* 19, no.5 (September 2005): 27–29.

Than, Ker. "Scientists Examine 100 Trillion Microbes in Human Feces." *LiveScience*. www.livescience.com/10501-scientists-examine-100-trillion-microbes-human-feces.html (accessed February 23, 2014).

Watts, Sheldon. *Epidemics and History: Disease, Power, and Imperialism*. New Haven: Yale University Press, 1997.

"What Is Urotropin?" Online Medical Dictionary. www.medical dictionaryonline.info/medical-term/Urotropin (accessed February 23, 2014).

Zasloff, Michael. "Antimicrobial Peptides, Innate Immunity, and the Normally Sterile Urinary Tract." *Journal of the American Society of Nephrology*. jasn.asnjournals.org/content/18/11/2810.full (accessed February 23, 2014).

## 공중 보건, 공중 보건법, 신뢰 형성 요인 이해하기

*Annual Report of the Board of Health of the Department of Health of the City of New York for the Year Ending December 31, 1906.* New York: Martin B. Brown, 1907.

Annual Report of the Board of Health of the City of New York for the year ending December 31, 1908. New York: Martin B. Brown, 1909.

"Beyond Typhoid Mary: The Origins of Public Health at Columbia and in the City." *Living Legacies*. www.columbia.edu/cu/ alumni/Magazine/Spring2004/publichealth.html (accessed February 21, 2014).

Biggs, Hermann. "The Preventative and Administrative Measures of the Control of Tuberculosis in New York City." Lancet 2 (1910): 371.

Birdseye, Clarence. *The Greater New York Charter*. New York: Baker, Voorhis, and Co., 1897.

Cass, Connie. "In God We Trust, Maybe, but Not Each Other." AP GfK Poll. ap-gfkpoll.com/featured/our-latest-poll-findings-24 (accessed February 22, 2014).

DeKok, David. *The Epidemic: A Collision of Power, Privilege, and Public Health*. Guilford, Conn.: Globe Pequot Press, 2011.

Farley, Joseph, Department of Health, Lackawanna County, Scranton, Pa. Telephone interview by author, June 16, 2014.

"Gitlow v. People." Legal Information Institute. www.law.cornell. edu/supremecourt/text/268/652 (accessed February 23, 2014).

Gostin, Lawrence O. "Public Health Law Reform." U.S. National Library of Medicine. www.ncbi.nlm.nih.gov/pmc/articles/ PMC1446780 (accessed April 14, 1929).

"Honesty/Ethics in Professions." Gallup.Com. www.gallup.com/

위험한 요리사 메리

poll/1654/honesty-ethics-professions.aspx (accessed February 22, 2014).

Monk, Linda R. *The Words We Live By: Your Annotated Guide to the Constitution*. 1st ed. New York: Hyperion, 2003.

O'Connor, Jean, and Gene Matthews. "Informational Privacy, Public Health, and State Laws." National Center for Biotechnology Information. www.ncbi.nlm.nih.gov/pmc/articles/PMC3222345 (accessed April 29, 2014).

Public Health and Law Enforcement Emergency Preparedness Workgroup. "Joint Public Health–Law Enforcement Investigations: Model Memorandum of Understanding." www.nasemso.org/Projects/DomesticPreparedness/documents/JIMOUFinal.pdf (accessed April 30, 2014).

Rosenbaum, Sara, Susan Abramson, and Patricia MacTaggart. "Health Information Law in the Context of Minors." *Pediatrics: Official Journal of the American Academy of Pediatrics*. pediatrics.aappublications.org/content/123/Supplement_2/S116.full.pdf (accessed April 30, 2014).

Swanson, Emily. "Americans Have Little Faith in Scientists, Science Journalists: Poll." *Huffington Post*. www.huffingtonpost.com/2013/12/21/faith-in-scientists_n_4481487.html (accessed October 23, 2014).

"Trust in Government." Gallup.Com. www.gallup.com/poll/5392/trustgovernment.aspx (accessed February 22, 2014).

참고자료

West, Daniel, chairman, Department of Health Administration and Human Resources, University of Scranton, Scranton, Pa. Telephone interviews by author, April 21, 2014, and July 15, 2014.

## 옐로 저널리즘 이해하기

*N. W. Ayer & Son's American Newspaper Annual*. 1907 pt.1. Library of Congress. lcweb2.loc.gov/diglib/vols/loc.gdc. sr.sn91012091.00143502016/pageturner.html?page=1&submit=Go&size=800 (accessed February 23, 2014).

"U.S. Diplomacy and Yellow Journalism, 1895–1898," U.S. Department of State Office of the Historian. history.state.gov/milestones/1866-1898/yellow-journalism (accessed February 22, 2014).

*The Yellow Kid*. Ohio State University Libraries. cartoons.osu.edu/digital_albums/yellowkid (accessed February 25, 2014).

위험한 요리사 메리

# 찾아보기

219

위험한 요리사 메리

찾아보기

위험한 요리사 메리

223

찾아보기

224